葬祭ディレクター

まことさんの珍言録③

人の死亡率100%でも
心配しなさんな

珍田　眞《まこと》

まえがき

やがて人は死ぬ。
それを本気で自覚している人は、普段から積極的に生きている。
一度しかない人生を無駄にしない。
死を覚悟していない人は、死と直面すると慌てる。
なんで葬式に、こんな大金を払わなければならないのか。
なんで坊さんに、多額のお布施を払わなければならないのか。
自分の人生、こんなはずではなかったのに……。
そうならないために「死の意味を」真剣に考えて生きる。
「死」そのものに善悪はない。
あるのは「死という現実」だけ。
それなのに死を、忌むべきもの、嫌なもの、悪いものとして受け止めてしまう。
人智で避けがたい事柄は、そのまま素直に受け入れるといい。

不安な思いや迷いから解放され、不思議と前向きな気持ちに変わっていく。

「死」と向き合うことで、どう生きるかを考えるようになる。

それに早く気付いた人は、早めに自分の人生を修正できる。

死に関わる葬儀やお墓など、様々な疑問も解決できるようになる。

「死」は決して忌み嫌うものではない。

むしろ受け止め方で「人生、幸せな道」へと繋がる。

それをお釈迦さまは二六〇〇年前に説いておられる。


私は葬儀社経営五十年の中で、「死」と関わる様々な人間模様を見てきました。そこで感じてきたこと、学んできたこと等々を、「葬祭ディレクターまことさんの珍言録」としてシリーズで発刊してきました。

今回はその第三弾としてお届けします。

なお、の文章は編集長の感想を書き加えたものです。

令和2年9月吉日

珍田　眞

目次

―人の死亡率100％でも心配しなさんな―

第一章　生きているうちに命を燃やす

人は死ぬことを忘れてはいけない
人は死ぬのを忘れて生きている
人は人生の終わりが見えてくると
人生の中身が濃くなってくる
死を忘れないとは
生きることを考えることである

確かに普段の生活の中では死ぬことを忘れています。死を宣告されたり、余命何年と告げられた人は、意識が変わったと聞きます。大事なことは「死を意識」して真剣に生きることですね。

「死」について ── 誰もが学んだ方がいい

生と死は紙一重
死と向き合うことで
人が生きる意味が見えてくる

紙一重とは、生と死は同じとも受け取れます。ではどう生きるか。他人から答えを与えてもらうのではなく、自らが考える。そこが大事ですね。

「お前の所は人が死ねば儲かる」

同級生によく言われてきた……大人になってからも
「人が死ねば儲かる」とは誤解であり思い込みです
しかし世間では、そういう人が多いことを実感してきました
葬儀社としては、人が死んで儲かるとは限らない
一例ですが生活保護を受けている人の葬儀は格安で施行します
その分、葬儀社が負担しなければならない
だから儲かるとは限らないのです

人は勝手ですね。自分の思い込みだけで人を非難する。気をつけなければと思います。死という「人の不幸」で儲けているという思いもあるように感じます。

お坊さんも同じく誤解されている

仏教は「人が生きる」上で大切な教えです
お坊さんには仏教の伝道者として
それを伝える大きな役割があります
しかし……
お坊さんと言えば「葬式仏教」と言われるように
葬儀や法事などで
高いお布施を貰うだけの人と思われてしまう
葬儀関係者から年賀状が届くと
気分を悪くする人もいる
何かありそうだ（法事など）と……思われる
葬儀社もお坊さんも
大事な役割があるのに世間の評価は低いのが現実です

私も仏教と聞けば、葬式仏教という思いが強くあります。実際、葬儀などに出ると、お坊さんは大事にされながらお経をあげて終わりです。

誰のための葬儀なのかと思ってしまいます。

お経は聞いても意味が分かりません。そこで普段聞けない法話を聞くことができれば、有り難いと思います。

現状では、仏教が人々から離れていって当然のように思います。

人の遺体に関わる職業の評価

葬儀はご遺体に関わることで成り立ちます
葬儀社は葬儀全体の段取りを組む会社
実際ご遺体に接するのは納棺師という専門職の人です
葬儀社の人が実際に遺体と接するのは意外と薄い
直接に触るのはお医者さん
看護師さん
警察官
解剖学者などです
その人達は職業として
非常に高く評価されています

そう言われると、確かに葬儀屋さんは評価が低い感じがします。
ただそこまで考えたことがないというのが正直なところです。

死について正しい理解がない

ご遺体に関わることは同じでも
職業によって評価が違う
もし遺体を扱うことで評価が高くなるなら
葬儀社も高くなっていいはずです
しかし現実は……そうはなっていません
むしろ評価が低い
その差はなぜ出てくるのでしょうか
私が学んできたことと
長年の経験からその答えが分かりました
人の死について「正しい理解がない」ことです
これは単に葬儀社の評価を下げるだけではなく
人の生き方に大きく関係してきます

そのことがむしろ
大きな問題だと私は思っています

死は不幸な出来事、嫌なことと捉えがちですが、そうではない。「死」の捉え方が人の生き方に大きく関係しているということですね。

『聖書』と『仏教聖典』で目が覚めた

若い頃出張でホテルに宿泊すると
部屋に『聖書』と『仏教聖典』がありました
何でホテルにあるのかと不思議議でした
置いてあるというのは何か意味があるはずです
そう思って読んでみてビックリしました
今まで知らなかったことが多く書かれているのです
今まで見えていなかったことが見えるようになりました
例えば葬儀……日本の多くは仏教式で執り行われています
それがなんと仏教と関わりながら
仏教聖典に書かれていないことをやっている
また仏教は人が幸せになる生き方を教えています
それなのに仏教の教えとかけ離れた生き方をしている

葬儀に関わる者として大変なショックでした
原因は何なのか……答えが見つかりました
「死について正しい理解がない」
「仏教の教えを正しく理解していない」
気づいたからには伝えたい……そういう思いが出て来て
時々に気付いた言葉をメモに残してきました
その数、約四千
その中から特に重要と思われるのを選んで
本を制作したわけです（本書で三冊目）

知らないということは恐ろしいことですね。それに対して正しく伝えるためにメモを書き続けてこられたのは、本当のことを伝えたいという使命感を持ったからでしょうか。読んでみると、本当に教えられます。有り難いです。

仏教の本当の教えを伝えたい

葬儀社として、また一人の人間として
仏教をどう捉えていけばいいのか
何が本当なのかを勉強をしてきました
そして、これはもう間違いないと確信を得て
メモしてきたものを本にしているのです
その思いは「本当の教えを伝えていきたい」
ただそれだけです

聞けば珍田さんは、子供時代には「説教の王者」と言われていたそうですね。おかしいと思ったことに対しては、黙っていられないわけですね。

私の子供の頃のあだ名がありました
「説教の王者」です
「おい、こら！」と引っ張って説教をする
そんな子供でした
ご先祖も、正義感がありました
葬儀社でいろいろ関わってきて
お坊さんにはもっと正しいことを伝えて欲しい
という反発心もありましたが
正しく伝えたい
それが本を作っている気持ちです

本をまとめながら、「説教の王者」とは全く感じません。むしろ、本当によく勉強をしておられ、それを分かり易い言葉にしている。人々への愛情を感じます。

講演会や研修会を開催

青年期になって私は
業界の集まりにも出るようになりました
ただ出席するだけではなく
自分の意見も述べました
死について
仏教の教えについて
業界も正しく理解する必要性を訴えました
そのための研修会や一般市民向けの講演会を
宗教家や大学の先生をお呼びして
地元の青森で何回か開いてきました
講師には
武蔵野大学のハナヤマシュウリュウ先生

今も活躍しておられる、ひろさちや先生（日本の宗教評論家。多数の一般向けの解説書を執筆。自称「仏教原理主義者」）をお招きしました

本を出す前からいろいろやられて来たのですね。会を開催するには、相当の負担があったと思います。それを乗り越えてやられたのは、やはり愛情ですね。

本当の教えが分かると迷いが少なくなる

『聖書』や『仏教聖典』を読み
自分なりに理解できるようになりました
理解することではっきりと分かったことがあります
本当のことを知れば
葬儀にしても
仏教に対しても
生き方にしても
この世ではそんなに苦労しなくて済むということです

大事なことですね。励みになります。仏教は人を苦しみから救ってくれる教えということですから、珍田さんはその実践者ですね。

葬儀で困るのはお寺さん探し

本当の教えが分かると迷いが少なくなると書きました
葬儀に際し葬儀社が困ることがあります
自分のお寺さんがどこか分からない人がいることです
その場合、その家のお寺探しをしなければなりません
寺探しというのは
葬式をしてくれるお寺さんを探すということです
現実に自分の家が何宗なのかも知らない人が多いのです
例えば、今は青森に住んでいるけど秋田の出身とします
出身地と離れて暮らしていることで
出身地のお寺さんとは縁がありません
日本では江戸時代に檀家制度が作られ
そのなごりで本家というのはどこかのお寺さんの

檀家になっています
それさえ分かっていれば
家族の誰かが亡くなった後で慌てなくても済み
すぐに葬儀の依頼にかかれます

そこまでお寺さんとの縁が薄れているわけですね。確かにもう出生地には戻らない話はよく聞きます。

檀家制度で本家は所属のお寺さんが決まっている

時代が変わって分家として青森に住んでいても
檀家制度の流れをくんでいます
葬儀の際そのお寺さんを探さなければなりません
勝手にどこかの寺に頼むわけにはいかないのです
なぜかと言えば、寺同士のトラブルになるからです
うちの檀家を取ったということになるわけです
そういうことも知らずに
ただ葬儀をあげればよいと
形だけで進めようとする
それは葬儀社としてはできません
それで最初にお寺さんを探す
そのお寺さんが「うちは遠いので、そちらにお任せします」

と言ってくれたら、こちらの方で進めることができます
このへんのルールが分かっていない人が多い
寺探しで、一日、二日かかることがざらです
終活では、死んでからのことだけを考えがちですが
まずお寺さんを探しておく
これが最も大事です
それも元気なうちにやっておく
そうすれば死の間際になって
葬式のことを慌てて考えることもなくなります

葬儀社に頼めば何でもやってもらえると思っているのが普通だと思います。その前にやることがあるということですね。

葬儀はお経を上げれば済むという話ではない

葬儀になると、とにかくお坊さんに来てもらって
お経だけを上げてもらいたい、という人が多い
葬儀は何のために行うのか……
それが分かっていないからです
極端に言って仏教を誰が説いた教えなのかも知らない
そういう人がとにかく多くなっています
お坊さんもまた、急な葬儀の連絡を受けて
明日にしてくれと断ることもある
もちろん、受けてくれるお坊さんもいますが
来てくれてもお経をあげるだけで
葬儀の意味も語らない
葬儀をあげる側も

頼む側もそれでよしとしている
葬儀は決してお経をあげて終わりではなく
大事な意味があることを
知らなければなりません

葬儀では故人の供養のため、お経をあげてもらう。それで良しと思っていましたが、そうではないということですね。

お坊さんには仏教の教えを説く使命がある
葬家も学んだ方が良い仏教の知識

お坊さんは単にお経を上げる人になってしまっています
それで葬式仏教などと言われてしまうわけです
本来、お坊さんは
人の死というのはどういう意味があるのか
どのようにして葬儀を行い
残された遺族はどうあるべきなのか
を語るべきなのに、それも語らない
日本人は、ずっとそれで済ませてきました
それでいいと疑問も持たずにきました
そのために本当の仏教と出合う機会がありません
当然、葬儀の意味も語られずにきています

お坊さんには
葬儀の意味とか
仏教の教えとは何かを説く
大事な使命があるのです

確かにお坊さんから仏教の教えや葬儀の意味を聞いたことがありません。ぜひお坊さんにはその使命を果たしてもらい、私達も勉強しなければなりませんね。

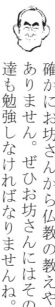

葬儀の大事な意味
……残された人達が幸せになること

人の命はご先祖からずっと繋がっています
葬儀での大事な意味は
故人の命と残された人達の命が
繋がっていることを再認識することです
人は必ず死ぬという現実を
故人が残された人に見せてくれる
残された人達は「人は死ぬ」という現実を受け止め
亡くなった人の声を聞き
その思いを引き継ぐことが葬儀の大事な意味です
しかし一般的にはそういうことを知りません
それで葬儀はお経をあげてもらうだけでいいとなるわけです

本当にそれでいいのでしょうか
葬儀の意味が分かってくると
どうお金を掛けるかは次の問題になってきます
もちろん経済的に許す人は
ご自分の納得するやり方でやっていいわけです
忘れてはならないのは
葬儀の大事な意味です
故人の志や思いを引き継ぎ
残された人達が精一杯生きる
残された人達がより幸せに生きる
それが分からないために
葬儀はこんなに高くつくのかと疑問を持ちながら
ついお金が高い方を選んでしまう
その高いという印象が

葬儀社もお寺さんも単なるお金儲けでやっているというように誤解されてしまっているわけです

大事なお話しですね。年齢を重ねてくると、命の繋がる者の幸せは自分の幸せと感じます。自分が幸せに生きることが、ご先祖や子孫に繋がっている。そう思うと、より真剣に生きようという気持ちが湧いてきます。

天国とはキリスト教の信者が行ける所

葬儀での弔辞で感じることがあります
「草葉の陰から見守ってください」ということが良く言われます
これは仏教ではふさわしくない言葉です
最も多いのは「天国で安らかにお眠りください」
仏教徒は天国には行けません
天国というのは、キリスト教の信者が行く場所です
しかも洗礼を受けた人が行く処です

天国という言葉は、キリスト教の信者でなくても、日本人は何の疑問を持たずに使っていると思います。日本人は何でも受け入れて同化させる癖があるので、どうしても使ってしまいますね。

お墓参りの意味

お墓参りに行くのも同じです
亡くなった人から教えを聞くために行くのです
でもお墓参りにそういう意味があるとは思ってもいません
対話をするなんて考えてもいない
故人との関係が強い、夫婦なら別でしょうが
関係が薄くなった人から見た故人の存在は
自分の意識からも離れ
簡単に手を合わせるくらいで終わってしまう
ですからお墓で亡くなった人から
生き方を学ぶとは思ってもみない
それではお墓参りの意味が薄れてしまいます
なのでお墓参りのことも本当のことを伝えたい

無理知恵はかえって反発されます
それで伝え方、言い方を工夫しています

お墓には故人の御遺骨が納められ、残された人がお参りに行く。
お盆や彼岸にお墓参りをして、お坊さんにお経をあげてもらう。
多くの人はそれで終わっていると思います。
大事なことは生き方を学ぶことなんですね。

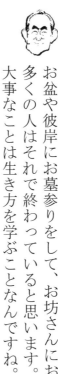

先祖は慰める対象ではない

お盆や彼岸の時に
テレビではお墓参りの映像が流れ
「先祖の霊を慰めています」という説明が入ります
先祖は慰めるものではありません
仏教の教えからいけば、死者は仏様になった人です
仏様を慰めるなどおかしいことが分かります
その仏様になった故人から
教えを聞くということならわかります
慰めるというのは原始的な言葉で
それはある意味
亡くなった人へのヘイトスピーチではないかと思います
さらに、黄泉《よみ》の国とか

地下でとか、という言葉も良く聞きます
日本人って仏教徒というけれども
仏教のことをほとんど知らない
戒名の仕組みも、葬儀や法事の意味も
お墓や仏壇のことも知らない
お寺さんのことも分からない
これが現実です

私達がご先祖に何かをするのではなく、お墓参りで私達の姿をご先祖に見てもらい、これからの生き方を見直す。また仏教の教えに耳を傾ける。お墓参りをして終わりではなく、自分の生き方に反映させてこそ意味があるということですね。

宗教を嫌い生き方を学ばない日本人

前に『聖書』のことに触れました
なぜホテルに置いてあるのか
それには重要な意味があるからです
『聖書』に関係している人達にとって
『聖書』が生き方の根柢になっているということです
生きることから「決して外せない」のが『聖書』なのです
日本はどうでしょうか
檀家制度によって私達はどこかのお寺さんに属しています
仏教徒ということになります
『聖書』に習って言えば
日本人は
仏教が生きる根底にならなければならないことになります

ところが仏教は単なる葬式のための仏教であり
自分の日常生活や生き方とは関係ないと思っている
そのため仏教は葬式仏教と言われてしまう
また遺族は葬儀に際し何も知らないので
葬儀社のいいなりに葬儀をやってしまう
そのため仏教は葬儀社仏教と言われてしまう
日本人は宗教というと
新興宗教のように捉え嫌うか関心を持たない
もしくは自然と共生して生きているので
宗教的心を持ちながらそれを意識することがない
また無宗教がいかにも良いような感覚を持っている
『聖書』に関係する人達は
宗教を持たないことがむしろ信じられない
日本人は宗教を毛嫌いすることで

仏教が生きる根底に存在しない
仏教の教えや葬儀や法事が
自分の生き方に繋がっているという大事なことが
日本人の生活の中でまるで反映されていない
故人、ご先祖の生き方から
自分達がより幸せに生きることを学ぶことを知らない
その大事なことを伝えたいと思い私はメモを残し始めたのです

仏教の教えを知れば知るほど、私達の日常生活に大事なことが書かれている。それなのに日本人は宗教を毛嫌いすることで、それを受け入れる機会を失ってきた。それに早く気づき、自分達がより幸せに生きることを学んで欲しいということですね。

「人は必ず死ぬ」幸せになって欲しい

私の望むことは、言い過ぎかもしれないけれども
「人は必ず死ぬ」……だから「どう生きるかを考えて」
幸せになって欲しい　それが私の考えです
まことさんの珍言録①で書いたように
「人は死んでから燃えるのではなく、生きているうちに燃える」
というように命を燃やして生きて欲しい
それが一番言いたいところです

まことさんの珍言録①、②を読むと本当に心に響く言葉と出合います。そして何より「今を懸命に生きよ」という呼びかけが聞こえます。一度の人生を無駄なく生きるためにも、仏教を生かさない手はありませんね。

第二章

正しく知ると 心の安定が得られる

幸せとは

人は幸せになりたい
誰もが望むところ
幸せとは何か……その基準は？
一つ言えることは、自分の心が
幸せと思えば ―― 幸せ
幸せでないと思えば ―― 不幸せ

状態が変わらなくても、心の持ち方で自分の思いが違ってくるということですね。生きていく上で、とても大事なことだと思います。

幸せと生き甲斐

幸せを別の言葉で表現してみると
「生き甲斐」と言い換えてよい
生き甲斐があればやる気が生まれ
やる気があれば幸せ感が生まれる
となれば幸せも生き甲斐も
自分の生き方に関係してくる
幸せの感じ方は、自分の心の状態と
日頃の自分の生き方で決まる

結局は自分が自分の人生を決めているということですね。「生き甲斐」があると元気が出ます。

人生いろいろ

もちろん人生には良いこともあるが
悩んだり苦しんだりすることがある
お釈迦さは
生、老、病、死の四門を出て
その苦しみを何とか救わなければと思われた
それが仏教の原点
人が幸せになる生き方を説かれた

生、老、病、死の四門に関係するのは、今を生きている人達です。その人達を救うとなれば、お釈迦さまの教えは今を生きている人のためということになりますね。

人の死亡率は一〇〇%

日本人の人口に対する死亡率は約一%
人の死亡率は一〇〇%
一%では死に対してあまり危機感はない
一〇〇%と言われたら危機感が生まれる
人は死をどのように捉えるかで人生が変わる

一〇〇%という数字を示されると、はっきりと「人は死ぬ」ことを認識できます。「死生観」を持つ人の生き方は勉強になります。

人は必ず死ぬ

死後、人はどんな世界に行くのか
死後の世界に興味を持つ人は多い
死んでも幸せになりたいと思うのは人の情
地獄には行きたくない……と
死んでからのことを心配する
お釈迦さまは死後の世界の質問には答えず
「そんなことを考える時間があったら
修行なさい」と言われた

お釈迦さまの答えは明解ですね。でも本音を言えば、死後の世界は興味があります。

お経は「死者のために書かれたのではない」

葬儀の際、お坊さんにお経をあげてもらう
故人のために有難いお経をあげてもらったと安心する
だが残された人は葬儀を執り行って終わりではない
お経は「死者のために書かれたのではない」
残された人が共にお経を聴き、これからの生き方を考える
それを再確認するの場が葬儀であり法事である

そうなんですか。まるで自分の今までの常識と違います。でも自分の生き方を考え直すというのは、とても大事だと感じました。葬儀に参列した際、確かに自分の生き方を考えたことはありますが、そこまで思いつきませんでした。

究極の願い　幸せになって欲しい

また葬儀は家族（ご遺族）の依頼によって執り行われます
葬儀には一族、親族が全部集まってきます
葬儀社として、そういう出会いに感謝しながら
その家族がまた引き続き繁栄して
幸せになって欲しいという願いがあります
幸せになって欲しいという望みがあります

そういう思いで対処してもらえば、遺族の方も悲しみの中でも満足されるのではと思います。

人の気持ちって本当に難しい

商売は物の売買が成立し精算が済めば終結ですが
我々の仕事はもうちょっと深い所までを考えて行って参りました
葬儀社が普段やっているのは事前相談です
葬儀の事前サービスとアフターサービス（事後サービス）です
事後サービスは、相続、年忌、保険等々、いろいろあります
やり過ぎると嫌がられます
例えば相続問題
三か月目、四か月目、十か月目と、やる事があります
その備えのために法的な仕組みなどをお伝えする
それが分かったことで兄弟の争いが起きたなどと言われてしまう
分からなければ相続の問題などは起こらなかったのに
余計なことをしてくれるなというわけです

そのへんの頃合いが難しいところです
サービスに感謝する人もあれば
余計なサービスだと言う人もいる
時には、故人の財産を狙っているように思われることもあります
お相手の状況を見極めて、切り上げることも大切です
人の気持ちって本当に難しいものです

分からないことを教えてもらえば有り難いことです。でも厄介に思う人もいるんですね。私達自身が、前もって死に備えて準備をしておけば、気持ちよく話を聞けると思いました。

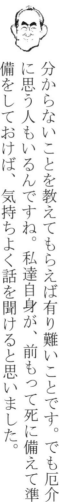

死と向き合うのに大事な意味がある

死と向き合うというのは
私が子供の頃に嫌な思いをしてきた
「お前の所は人が死ねば儲かる」
というような単純なものではありません
ご遺族にとって大事なのはこれからの人生です
悲しみはあってもそれを乗り越えて前向きに生きることです

全てに意味がある。何事も無駄にしないということですね。

仏教の歴史

六世紀（五三八年）仏教公伝
（五九四年）推古天皇　仏教保護令
（六〇四年）聖徳太子　十七条憲法
飛鳥時代の神仏習合
奈良時代　国家宗教（鎮護国家）
江戸時代の宗教統制のための「宗門人別帳《しゅうもんにん》」登録
江戸時代の檀家制度
明治時代の神仏分離
明治時代の国家神道命令
昭和二〇年　神道指令（ＧＨＱ）
神仏習合から神仏解体
普通の宗教では考えられないことをやっています

どこから神様で、どこから仏様かが分からない
西洋の神様は、こういうことはありません
イスラム教にしろ
キリスト教にしろ
ユダヤ教にしろ
全部一神教だからです
元になる神様は一つだけど、言い方が違うだけです
日本人は自然と一緒に生きて来たことで
特にこれが宗教などという感覚はありません
そこに仏教が伝わってきて国として受け入れます
それが時の政権によって、政治利用されてきたのです
そして仏教もいろんな宗派に分かれます
しかし仏教はお釈迦さまが説いた教えで本来は一つです

日本人にとって神道は宗教という信仰ではなく自然と共に生きる生活習慣のようなもの、それが日本人の生き方であり文化となっている。そこに仏教が入ってきて、一緒になったり別れたり。それでも日本は神道も仏教もしっかりと根付いている。何でも融合させて生かすといういかにも日本らしいと思います。

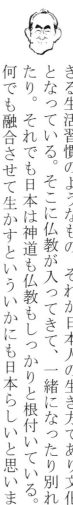

幸せを得る根本を知ることの大切さ

私は宗教家ではなく一般人ですから宗派に関係なく
お釈迦さま教えの根本に返ることが大事だと考えています
原点に返って根本をしっかりと捉えることができれば
宗派でそれぞれのやり方があっても
葬儀や年忌、法事、仏壇やお墓参りなどの意味も
はっきりしてきます
もともとお釈迦さまの教えは
今生きている人達が幸せになる生き方を教えています
その根本を理解できれば
人は迷いなくすっきりとして生きることができます
葬儀も無駄なお金をかけなくて済みます
そして何より、根本を知ることで心の安心が得られます

これが何より大事なことです
根本を知れば、自然とお寺さんとも関係が近くなります。
家族の誰かが亡くなったからと言って
慌ててお寺さんを探すこともなく
準備も怠ることなくできます
そうなれば家族円満、争いも生じません
小さな葬式しかできなかったと思い煩うこともない
大きな葬式ができなかったと悔やむ必要もない
根本を知ることが、いかに重要であるか
そのことを理解して欲しいと思っています

そのように教えてもらうと、本当に良かったと思います。実際、『まことさんの珍言録』を読むと一つ一つの言葉に励まされ、生きる力を得ます。ありがとうございます。

葬儀の祭壇は簡単で三具足で足りる

私が十六歳の昭和三十五年に祖父が亡くなりました
家での葬儀でした
当時はリンゴ箱を三段とか四段に積み
そこに白布とか当時からあった金襴の布をかけ
あとは写真台を置き、祭壇ができました
これで十分です
ところが現代は葬儀になると
一般の人達はどうして良いか分からない
業者の言いなりに進める場合が多いと思います
結局は、費用が高くついてしまいます
余裕のある人は豪華に飾る事でも良いでしょう
しかし無理にお金をかける必要はありません

三具足と言われる仏具があります
燭台と花瓶と香炉の三つあれば足りるということです
もしくは五具足
燭台が二台、花瓶が二つ、そして香炉です
燭台というのは、お釈迦さまの
自灯（自らを拠りどころにしていきなさい）
法灯（仏法を頼りにしてください）を意味します
これで葬儀は足ります
今の人達は、その他の余分なところにお金をかけている
根本が分かってくればお金をかけずにできるのです
キリスト教の葬儀は飾りがシンプルです

人は、どうしても見た目を気にしてしまいます。質素だと悪口を言われそうで、どうしても高い方でお願いしてしまう。せめて自分の場合は、三具足で済ませるように子供に伝えます。

お寺さんも今後のあり方を模索している
それは私達にも関係してくる

今、寺離れが進んでいます
お寺さんも生き残りを模索しています
保育園や幼稚園を経営するのは普通にあります
現在はカフェをやったり、何か行事をやったりする
そのネックになっているのがお骨です
お骨を安置しているお寺は結構あります
大勢の人が集まると、それを嫌がる人達が出ているのです
そういう問題に対して
位牌を兼ねた骨壺を作った人がいます
六角形とか八角形とかにして
ちゃんと塗り物をして見栄えがいいのです

使い方としては
遺族が遺骨を粉骨してそれをその入れ物に入れる
それをお寺さんに持って行って安置してもらうのです
見た目がすっきりするし、形のよく
それが揃うことで置いても違和感がありません
一般の人が見ても嫌な感じがしません
それをお寺さんに回って売り込みをしたい
どうだろうという相談を受けています
いいアイデアだと思います
それができれば、お墓のことも解決もできます
現代はお墓を建てるより墓終《じま》いをする時代
粉骨を入れたものがお墓代わりにもなります
さらに展開が拡がります
粉骨してあるので

人気のある湘南の海とか瀬戸内海とか
いろんなことができるわけです
そして例えば三回忌にはハワイ沖に散骨
七回忌には宇宙へ飛ばすというように
死んでからでも海外旅行も、世界旅行もできます

墓終《じま》いは、現実問題としてマスコミで取り上げられています。これから多くの人が抱える問題のように感じています。子供や孫達が間違いなく墓を守ってくれるならいいですが、そうではない人は問題を先送りしないように、自分が元気なうちにどうするか決める必要がありますね。それもお墓の意味を理解することで心に負担なくできると思いました。

散骨でお墓の問題も解決できる

お墓のことで、
横浜の霊苑を管理している人から聞きました
やはり墓の骨壺には水が溜まっているそうです
青森だけかと思っていましたが全国同じだそうです
今のお墓では、骨にとって環境が悪い状態が続きます
完全防水にしても湿気は入るようです
それを解消するには乾燥機を中に入れる
電気は外から持ってくるかソーラーにする
でもいずれにもメンテナンスが必要となります
そういう状態でお骨を納めるのではなく
散骨をした方がいいと考えています
さらに散骨となれば、いつでも自分の好きな所に行けます

散骨の業者もいろいろあります
散骨をお任せすれば
月にまとめてやるので経費が安く済みます
ネットで調べれば、いっぱい出てきます
遺族がそのことを理解してやれば
故人は世界中、好きな所に行くことができます
そうなれば、世界中に仏舎利塔があるように
お釈迦さまと同じになります
その方が、水が溜まった墓の下にいるよりいいはずです

散骨すれば、お釈迦さまと同じというのは気づきませんでした。今までの常識ではお骨は墓に入れるが主流です。散骨が増えてきていることを考えると、お釈迦さまを見習って散骨するのは、むしろ新たな常識になるかもしれません。家族で話し合っておくのも大事ですね。

お墓のお骨を粉骨して管理する

粉骨はお寺さんの管理にも役立ちます
例えば、お墓のお骨を全部粉骨にして
寺の内部で保管することをお寺さんに提案する
これができれば墓地の問題はなくなります
どうしてもお墓が欲しい人お寺さんから借りる
そうすれば、お寺さんもすっきりし管理もしやすくなります
人が亡くなれば火葬してお墓に納骨する
その考えから一歩も抜け出ることなく
お骨についていままで誰も手を付けなかった
それが今、お墓にまつわる様々な問題
墓地の確保、お骨の環境の問題、墓終《じま》いなどを
解決するだけではなくビジネスになろうとしています

しかし、これも葬儀やお釈迦さまの教えの根本を知らなければ
お寺さんやご遺族を説得できません。
それは簡単に言えば、葬儀等を通して自分の生き方を見直し
幸せに生きることです
それがお釈迦さまの教えでもあるわけです
お坊さんも本来の姿に戻ります
苦しむ人々を救いたい
そのお釈迦さまの心に戻ることになります

いわゆる形だけが優先して営まれてきた葬儀や法事、お墓のことなどを見直し、本来の姿に戻ろうということですね。

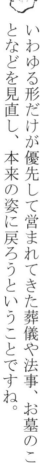

最後の決定権は遺族に委ねられる

どんな人でも必ず死に至る
どう生きるかの仕上げは死の備えとなる
エンディングノートはその点、大いに役立ちます
書き始めると何を準備しなければならないことが見えてきます
家族等への遺言、財産目録、相続、死後に連絡する人……
書けないことは調べたり考えたりすることで明確にしていく
最低限自分の家はどこのお寺さんの檀家を調べておく
生前、死に備えて準備しておくことは理想的
ただ最後の決定権は遺族に委ねられます
葬儀を執り行うのは遺族だからです
そのことを忘れてはなりません
なぜかと言えば、普段の生き方が影響するからです

例えば、夫の素行が悪ければ
奥さんとしてはこの人の葬儀はどうでもいいとなる
遺言で「こうやって欲しい」と書いてあっても
それに応えようという気持ちになれません
一方、お金には縁がなかったけど
生き方は素晴らしかったとなれば
なんぼ簡単にと遺書に書かれて言われても
大きな葬儀というか立派な葬儀になっていく
死の備えで一番大事なのは
普段の生き方ということになります
最後は遺族が決めるので最後は書かなくていい
なんぼ立派にやれと書かれていても
先立つ物がなければやれません
最後の算段は家族に残すべきです

そのことを念頭に普段の生き方を大事にする
結局、今をどう生きるかが死を迎えるに当たっても
非常に大事だということが分かります

本当にそうですね。結局、今を真剣に生きる。それを見失っては、人生の意味もなくなります。その意味でもお釈迦さまの教えを学ぶことは、大事な道標《みちしるべ》になりますね。

仏教はお墓は無し　散骨が当たり前

釈迦は悟りを開いて仏陀になりました
ゆえに再び輪廻の世界には生まれません
散骨は本来の仏教徒のやり方と考えます
インド人は墓を作りません
インドに生まれた仏教もそれを踏襲しています
ところが仏教が日本に入るまでにその地の風習が組み込まれ
そして日本に入ってきてまた神道の思想が融合され
死亡後に輪廻で次の世界に生まれ変わるということで
お墓が大事になってきたわけです

初めて知りました。まるで今までの常識とは違います。こうした本来の姿を知れば無駄なことはしなくてすみますね。

葬祭は一切僧侶の手中に

日本民族固有の葬祭は神道による葬祭です
それが奈良時代以降仏教の伝来と共に
葬祭のことは仏者の手に委ねられるようになりました
江戸時代には仏教の宗門改めの制度があって
人々は寺請証文を出さなければならなかった
それで葬祭は一切僧侶の手中に入っていったわけです

それが檀家制度ですね。日本の家はどこかのお寺さんの檀家になっている。そして葬祭がお寺さんに決まり事として委ねられたわけですね。

年忌や法事もお金をかけずに済む

葬儀の後に年忌や法事があります
三回忌や七回忌などで親戚の人に集まってもらい
お金をかけさせ煩わせることになります
大事なのは年忌や法事の本質を知ること（葬儀の本質と同じ）
家族、親戚が集まって、死者に感謝しながら
これからの方針を出して、元気を出して暮らして行こう
それをそれぞれが確認したら立派な年忌や法事になります
お金をかけ、親戚の人を煩わせ、お経をあげてもらって
飲んで食べることが法事ではないのです

行事として形だけで終わるのではなく、それぞれが元気でいくことを確認する。そういう機会を故人が与えてくれるわけですね。

日本の宗教の現状は重層信仰

日本の宗教の現状は重層信仰（シンクレティズム）です

仏教・神道・キリスト教など複数の宗教を生活・文化の面で合わせもつ在り方を意味します

対立ではなく相手を受け入れ融合する精神が日本人にはあります。自分も生き相手も生きる。この生き方は世界の見本となる日本の伝統だと思います。自分さえ良ければという生き方は日本人には合わないですね。

神道でつくられた日本の美意識の展開

もののあはれ、さび、わび、粋《いき》、幽玄、武士道

人情、数寄、義理、歌舞伎、俳句、能、祝詞《のりと》

和の心、八百万の神、氏神、神輿《みこし》、神楽《かぐら》、和歌

精霊崇拝（霊魂を祭る心）、巫女への神託、祓詞《はらいことば》

祖霊信仰、雅楽、口寄《くちよ》せ、白拍子、琵琶法師、浄瑠璃《じょうるり》

神道の精神、神への感謝、自然との一体感、そうしたものが形を変えていろんな所で表現されているということですね。そこにある思いは、見えないけれども確実に存在するであろう宇宙のエネルギーや生命に対する、いわば神に対する感謝ではないではないかと思います。

インドで生まれた仏教

日本には六世紀、中国経由で伝わってきた

発祥時期と教えの違いによって大きく五系統に分かれる

伝来当初の奈良時代には「学問仏教」が発展

時代が平安に移ると「密教」が台頭する

飢饉《ききん》や疾病が頻発した平安末期は「浄土信仰」がはやり

「鎌倉時代」には「禅宗」や「日蓮宗」が広まった

江戸時代「黄檗《おうばく》宗」が生まれ現在まで続く十三宗派が出揃う

同じ教えでも、国の違いや為政者によって受け止め方違ってくる。そして教えを説く人の考えでも伝え方が違ってくる。また時代によって衆生が何を求めるかによっても違ってくる。でも根本は衆生を救済したいということですね。

日本文化の元は
縄文時代以来受け継いできた固有の道徳

現代につながる教派神道十三《じゅうさん》派
神社の起源を辿《たど》っていくと
縄文人の祭祀に行き着きます
集落の縄文人が集まり神様を迎えて御馳走《ごちそう》を供え
祭りを行なっていました
そして歌や踊りを演じ神様をもてなした
そのあと供え物を分け合って食べました
神道は
日本人が縄文時代以来受け継いできた固有の道徳です
　教派神道十三派とは、黒住教、神道修成派、出雲大社教、扶桑教、実行教、神道大成教、神習教、御嶽教、神道大教、神理教、禊教、金光教、天理教

それぞれの宗派には、それぞれの決まり事やしきたりがあるでしょうが、その元を質すと縄文人の祭祀に行き着くのですね。

青森「三内丸山遺跡」

五〇〇〇年前の縄文人の生き方を教えてくれています
グループが十人、十五人と集まって暮らして
海のもの川のものを持ち寄って祭壇を作って
当時の神様にお供えして
感謝の儀式を行い
神様に捧げる踊りをやっていた
それだけに飽き足らず集ってきた人に踊りを見せる
そこから舞とか歌舞伎とか、全て発展してきた
神社の元はそこにある
世界にない文化です
神話の世界ではなく実際の生活から生まれています
幽玄とか、わびとかさびは、神道から出た言葉です

日本の文化は、前述したように沢山あります
神に対する感謝から出てくる五穀豊穣などもそうです
わ（和）けあって食べさせていただく
和というは穀物を平等に口にすること
日本人は分かち合う心がある
世界の人とはちょっと違う（世界は奪い合い）
こういうのを一つずつ繙いていけば映画になる
この文化が天皇に繋がっている

日本文化の奥深さを感じます。日本人が本来持っている分かち合う心、いいですね。日本文化を形だけではなく、その奥にある物語を知るともっと深く日本文化を学べますね。

霊魂が大好きな日本人

怪談、幽霊話、怨霊《おんりょう》、祟《たたり》
憑依《ひょうい》、物《もの》の怪《け》、生霊《いきりょう》、化《ば》け物《もの》
仏教では霊魂の存在を否定しています
死後のことについて歴史上の仏陀は何も述べていない
これを仏教用語で「無記」といいます

こうしたのは全て霊魂ということですね。私も日本人なので、誰から教わったわけではありませんが、これらはなじみのある言葉です。仏教を信仰するには、「無記」なので考える必要もないということですね。

還らぬ人　帰らぬ人

帰《かえ》る……とは

また元の場所にもどる

（元気で）

還《かえ》る・還《かえ》らぬ人……とは

二度ともどって来ないこと

（死んだことを表す）

例として

「帰る予定が還らぬ人となった」「土に還る」

帰らぬ人であれば今、会えなくても後で会える。還らぬ人であれば二度と合うことができない。人はいつどうなるか分かりません。僅かな出会いでも真剣にならなければと思いました。

安心して死んでいけることが幸せ

最期を迎える方法は人によって様々です
家を処分して施設に入居する人もいます
その場合、施設に持っていけるのは通帳と
僅《わず》かなものだけです
どんな人でも亡くなれば何一つ持っていくことはできません
物に執着すれば苦しくなります
心に安らぎを得れば日々の生活も穏やかになります
施設に入った人はある程度時間に余裕があります
そうでない人にも
ぜひシリーズで出している
『まことさんの珍言録』を読んで頂きたい
読んでもらえれば

残りの人生をどうしたら良いかと考えるはずです
本を読むことで安心の気持ちが得られるはずです
もう一歩、踏み込んで言えば、
「南無阿弥陀仏」とか「南無妙法蓮華経」を唱えれば
仏が迎えに来てくれる
こんなにいい教えはありません
何と幸せでしょうか
家を処分して施設に入った人は施設が全部やってくれます

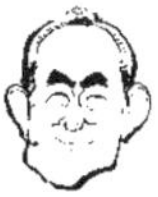

一所懸命頑張って得た物、築き上げてきたものから執着を無くすというのは人によっては難しいことです。しかし死の瞬間、全て自分から離れてしまいます。死は、そうした現実を私達に見せ、どう生きるかを問うている。そう思いました。

死後の心配は必要ない
葬儀はお別れでいい

葬儀は
故人に仏様になってもらうことと考えている人がいます
それは間違いです
仏様になるというのは葬儀の目的ではなくて仏教の目的です
自らが
「南無阿弥陀仏」
「南無妙法蓮華経」
「南無釈迦牟尼仏」
「南無大師遍照金剛」
を唱えていれば
仏がその人を浄土に迎えてくださる

死後のことは何も心配しなくていいのです
だから葬儀はお別れでいいのです
三具足であれば足りるわけです
これが基本です

それでも死後のことが気になるのが人間だと思います。全てお任せで死を迎える。そのためにも悔いの無い生き方をする。それに早く気付くことが大事だと思いました。

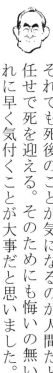

第三章

悪いことをするな
善きことをしなさい

お釈迦さまの仏教は
絶対的な力を持つ神が存在しません
正しい生活を送りながら
生死の問題を考えるための
坐禅と瞑想を行いながら智慧を磨き
それによって宇宙の原理と一体になる
人間が自分の努力によって自分を救う
自己完結の宗教です

これは謙虚に受け止めなければならない言葉ですね。やはり自分の生き方を日々これでいいのかと問うてみる必要があると思いました。

蓮華の五徳　その一

（極楽に生まれられる人の心を説明）

淤泥不染《おでいぶぜん》
泥中に清らかな花を咲かせる蓮華
過ちをしてしまうのが人間だとすれば
その心の中にこそ
正しい信心の花は咲くという
お釈迦さまの教えが
淤泥不染の中にあります

過ちを犯してしまうのが人間であっても、泥中で蓮華が咲くように、人間も奇麗な花を咲かすことができる。励まされます。
そこで大事なのが信心（信じ切る）ということですね。

蓮華の五徳　その二
（極楽に生まれられる人の心を説明）

一茎一花《いっけいいっか》
一本の茎に一つの花しか咲かない蓮華
私の代わりは私以外にないということを指す
当事者だけが救いや学び、そして潤いを
受けることができるということです

「私の代わりは私以外にない」。凄い言葉ですね。私として生まれてきたのは、私の役割、使命、果たすべき何かがある。また良くも悪くも人生は自分次第とも受け止められます。その意味を自覚して生きなさいということですね。

蓮華の五徳　その三

（極楽に生まれられる人の心を説明）

花果同時《かかどうじ》
多くの花は開花後実をなしますが
蓮は花が開くと同時に蓮台に実ができます
目覚めたとき一気に事が進む様が
花果同時の意味になります

これを人に置き換えるどういう意味になるか。人は肉体を持って生まれてきているけれども、仏の命を受けたからこそ生まれてきている。それに気づけるかどうか。気づければそれが悟りで、極楽に往けることになると解釈しました。

蓮華の五徳　その四

（極楽に生まれられる人の心を説明）

一花多果《いっかたか》
蓮の花は一つの花から
沢山の実ができます
多くの実が得られるということは
多くの幸福を与えることができることを
示しています

蓮って凄いですね。いや、蓮だけではない。私達も、蓮のように多くの人に幸せを与えることができる。それが自分の幸せでもある。そういう生き方をしましょうと受け止めました。

蓮華の五徳　その五
（極楽に生まれられる人の心を説明）

中虚外直《ちゅうこげちょく》
中虚とは
蓮の茎は中に小さい穴が無数に開いていること
一見弱そうなものの
穴が開いているため柔軟性があり
強いのです
外直とは、まっすぐに伸びる強さのこと
これを併せ持つのが蓮です

人間として自分には、弱みとなることが多くあるけれども、それは欠点ではなくそれによって人の痛みが分かる柔軟性ある自分を作り上げている。そしてそれが強さにもなっている。それを信じて生きなさいと受け止めました。

親鸞上人（真宗）は信心を主とし
自分で往生しようという自らのはからいを
全部捨て去ってしまうという教えです
法然上人（浄土宗）は念仏を主とすること
念仏をして浄土に往生しようという教えです

何事もはからいなく生きるのは―人間の一般的感情から言えば―かなり難しいことのように感じます。でも良く考えてみると「素直な心で生きる」というような気がします。

道元禅師の坐禅は報恩行です
人間が自分で悟りを求めようと意志することを
全部捨て去るのだということです
仏様が坐禅を組ましてくれるのが曹洞宗の坐禅です
坐禅の姿そのものが
仏様の姿だということになります

前の親鸞上人の言葉と共通していますね。仏様の導きによって坐禅を組ませていただけるという思いは、素直な心で生きることだと思いました。

慈悲にも聖道門と浄土門の二種があります

聖道門の慈悲というのは自分の力で
すべてのものを同情しなぐさめ守ることです
しかし自分の思っているとおりに救うことは
非常に難しいのです

浄土門に於ける慈悲は念仏をとおして
自分がまず救われて仏になり
大慈悲心によって思いのままに
すべての人々を救うことをいいます

悟りの方法にも聖道門と浄土門があったと思います。聖道門は一生懸命に修行をして自力で悟りに至る。浄土門はひたすら仏様を信じて祈り死後に浄土に生まれて悟り至る（仏様の力を信

じ切る他力）と理解しました。

聖道門の慈悲は、自分の力でというのにひっかかりを感じます。相手に慈悲の心が素直に伝わるかどうか疑問です。浄土門の慈悲は、最後は仏様に委《ゆだ》ねる感じがしますので、慈悲を受ける側は安心感があるような気がいます。

どちらの門も、行うのは人です。大事なのは相手に正しく慈悲の心が伝わるかどうかですね。

「慈悲《じひ》」とは
仏教の基本的立場
慈というのは与楽と訳しています
悲とは抜苦と訳しています
慈悲とは相手の苦しみを抜き去り
そして相手に喜びを与えることです
慈悲の象徴こそ葬儀であります

何とも心に響く言葉です。「慈悲」を言葉として知っていても、こうして説明してもらうと分かりやすいです。慈悲というのは凄い働きですね。こんな生き方をして行きたいと思います。

仏教では「悲《ひ》」は
「大悲」「中悲」「小悲」の三つに分けられます
「小悲」とは私たち人間の悲しみです
時間とともに忘れてしまうような
個人的・限定的な「悲」です
それに対して仏様の「悲」は「大悲」と言われ
無限の慈悲といわれる
すべての命を悲しみ
救いの手を差し伸べます
有限な私たちには及びもつかない無限の「悲」です

無限とは限りがないということですから、すべてに対しての慈悲になるわけですね。私達一人一人に大悲が降り注いでいると思うと嬉しくなります。

「慈《じ》」

すべての生きものにゆきわたる

広大無辺の愛

慈悲・大慈大悲

分け隔てのない広大無辺の愛、私はあなたを愛するという限られた愛ではなく、広く大きな仏様の命に包まれている愛を感じます。だからこそ慈は楽を与えることができるように思います。

「悲《ひ》」の語源は対立や離別で
心臓が左右に引き裂かれる痛みの状態を表したもの
慈悲、悲願、大慈大悲
悲哀、悲惨等の文字がある
サンスクリット語で悲をカルナーという

心臓が左右に引き裂かれる痛みとは、耐え難い痛みということですね。その痛み苦しみを共有し、取り除いてやりたい。それが悲ということですね。それで悲は抜苦と訳す。たった一語でこれだけ深い意味があることを教えてもらって脱帽です。

「七仏通戒偈《しちぶつつうかいげ》」
禅門で日常読誦する
諸悪莫作《しょあくまくさ》（諸々の悪を作《な》すこと莫《なか》れ）
衆善奉行《しゅぜんぶぎょう》（衆の善を奉行（行い））
自浄其意《じじょうごい》（自ら其の意を浄くせよ）
是諸仏教《ぜしょぶっきょう》（是れ諸仏の教えなり）

詩人で有名な白楽天が道林和尚に「仏教の教えの根本」を尋ねたところ、「悪いことをするな、善きことをしなさい、そして意《こころ》をきれいにしなさい。これが仏の教えである」と答えられた。「そんなことは三歳の童子でも知っている」と反論。「知っていても、八十の老人でさえ行うことは難し」と道林和尚が諭《さと》した。この偈《げ》を知って私は、これを忘れてはいけないとメモに残して時々見直しています。

昔　日本人は悪霊を恐れ
鬼神におびえる生活が続きました
日の良し悪しを気にする人々の弱い心につけこんで
加地・祈祷・呪術に明け暮《く》れていた時代がありました
人々から現実を直視する眼《め》を奪い
はてしない闇《やみ》に引き込んでいったのです
そのとき親鸞は人々に念仏の教えを説いて
おびえや不安から人々を解放し
仏教の明るい智慧の世界へと導かれました

いったん怯え始めると、益々気になるのが人の気持ちです。現代でもそれに目をつけ人を騙す者がいます。不思議とそういう人には悪い縁ができてしまう。やはり何事も縁なのでしょうか。仏教の教えを聞き不安がなくなれば生き方も変わってきて、悪い方の縁も切れますね。

「縁起」でもない（不吉だ　とんでもない）

職業として坊さん、葬儀に関わる人など
数字として、四、九など
言葉として、死、死んだ人、死に関わる言葉
施設として、斎場、寺、等
これ等は長い間、縁起でもないと言われて来た
今もそう思っている人が多くいる
本当にそうなんだろうか
人類皆縁起でもないことになる

子供の頃からそう言われてきたので、これらはしっかりと体に染みついていいます。そんなことはないと分かると、心が軽くなります。

自他力一如《じたりきいちにょ》
自力も他力もみな
お釈迦様のお説きになったものだから
自分の宗旨《しゅうし》は良くて
他の宗派は良くないと争いをして
互いに誹謗することはないように

※江戸時代の有名な川柳……宗論はどちらが負けても釈迦の恥

同感します。川柳は良く言い当てていますね。

仏教という宗教の目的は
宗派と関係なしに全部一つです
「仏」になることです
いつ仏になるかということによって三つに分かれます

・即身成仏《そくしんじょうぶつ》
……肉身のまま悟りを開き仏になる。

・往生成仏《おうじょうじょうぶつ》
……浄土に生まれる変わり阿弥陀仏と同体の仏になる。

・歴劫成仏《りゃっこうじょうぶつ》
……何度も輪廻転生を繰り返しながら仏となる。

自分が仏になるなんて有り難い話です。私は自分の性格から言うと歴劫成仏がいいですね。でないと怠けてしまうからです。

仏教の基本は南無三宝
ブッダン　サラナン　ガッチャーミ（帰依仏）
ダンマン　サラナン　ガッチャーミ（帰依法）
サンガン　サラナン　ガッチャーミ（帰依僧）
仏教は南無三宝のワンチームです

サラナン　ガッチャーミとは帰依《きえ》ということですね。三宝の仏法僧を大切に拠りどころとして生きていく。仏様、そして仏様の教えに帰依することは当然として、僧を逆の立場から見れば僧自身が帰依される存在にならなければということになります。それだけ僧には大事な使命があると思います。

仏教は人間探求の教えである
先祖供養は日本仏教の裏メニュー

裏メニューとは、日本独特のものということですね。命のつながりに感謝する。これは理窟抜きで大切にしたいと思います。

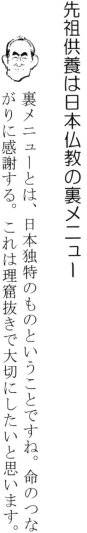

お経はお釈迦さまの教えの言葉です
通夜、葬儀、法要で勤められますが
死者に捧《ささ》げる呪文《じゅもん》（まじないの文句）
ではありません
生老病死を生きる私達に
生きる意味や本当の喜びとは何かを
問いかけてくる言葉です
それを確認するのが
葬儀や法要の意味でもあるわけです

このことは本当に大事な指摘ですね。お経は死者のために有ると思っていました。

お経を読むと「功徳」が授かる
功を上げ徳を立てる
善行の結果として報いられる果報
神仏が人のために与えるめぐみ

お経を読むことで「功徳」が得られる。損得で読むのではなく、ただただ感謝の思いで読むことが大事なような気がします。

「南無阿弥陀仏」
「南無妙法蓮華経」
「南無釈迦牟尼仏」
「南無大師遍照金剛」
を唱えていれば
仏はその人を浄土に迎えてくださる
死後のことは心配しなくていい

そうなんですね。お経というと長い、分からないという先入観がありますが、こうした念仏で浄土に行けるとは、有り難い教えですね。やはり人の情として死後の世界は気になります。

「専修念仏」と「報恩念仏」

法然（浄土宗）の「専修念仏」は
念仏を唱えることが大事
（救済を期待し自分の意志をもって念仏を唱える）

親鸞（浄土真宗）の「報恩念仏」は
念仏を信じるのが大事
（念仏を唱えることで誰でも救済してもらえる感謝の表現）

自分を救済するために唱える。唱えることで誰でも救済される。大きな違いを感じます。ただ唱えることは同じ。人を救いたいという阿弥陀仏の思いが、念仏を唱えさせているように思います。

仏説大無量寿経　第十八誓願

わたしが仏になるとき
すべての人がそれを心から信じて
わたしの世界に生まれたいと願い欲し
せめて十回でも念じて
私の世界に生まれることができないとするならば
わたくしは自分だけが仏になろうとは思いません

念ずれば浄土に行けると説き、すべての人がそれを実現できなければ自分はまだ仏になる資格はないと断言する。とにかく凄いです。

戒名

戒名や法名は人が亡くなった時に
お手次寺院の住職に付けていただく
即ち「死んでからの名前」と
ほどんどの人が思っておられる
本来はそのような意味で付けられるものではありません
戒名は（現生の）学校の卒業証書
戒名は仏弟子としていただく名前
生前に受けるのが望ましい

お手次寺院：江戸幕府が決めた檀家制度のお寺さん（檀那寺）。葬儀は
そのお寺さんに営んでもらうことになっている。

戒名は卒業証書と言ってもらうと、これからは戒律を守って立派な仏弟子になりますと誓う意味がよく分かります。

戒名は戒律を守る誓い

今日から死ぬまで戒律を守ります
という誓いをした人に与えるのが
戒名です
外国でいうクリスチャンネーム
ミドルネームです

死ぬまでというのは、死んでからの名前ではないということですね。戒名という言い方と法名という言い方がありますね。

法名

法名は浄土真宗での言葉です
「仏法僧の三法に帰依し、仏様の教えを聞いて
真宗門徒として生きていきます」ということを決意し
そのことを表明する儀式「帰依式（通称＝おかみそり）」
を受けたときに付けていただく名前のことです
言い換えれば「仏様の教えを拠り所として
お念仏の生活を送ることを決意し
仏弟子として新しい人生を送るときの名前」と言えるでしょう

戒律を守る約束をしていただくのではなく、三法に帰依して仏弟子となることを約束していただく名前なんですね。

天台宗
真言宗
浄土宗
日蓮宗
浄土真宗

最澄《さいちょう》とは最《もっと》も澄《す》んだ人
空海《くうかい》とは対立する空と海との統一
法然《ほうねん》とは法（真理）が自然《じねん》にやどっている意
日蓮の名は日月と蓮花《れんか》の意味
親鸞《しんらん》とは中国七高僧の中の天親《てんじん》・雲鸞《どんらん》からつけた

それぞれが戒名（法名）だということを初めて知りました。普通に接する戒名は数文字あり、使う漢字で戒名を付けてもらう値段も違うと聞いています。それがたったの二文字。しかも意味が分かり易くて深い。こういうのがいいですね。

神葬祭（神道）に
仏式の戒名に相当するのがあります
諡名《おくりな》といい生前の名前の下に
「之霊」「命」「命霊」「霊位」などをつける
男性には「大人命《うしのみこと》」、女性には「刀自命《とじのみこと》」
をつけることもあります

○○之霊という表現は、やはり人は亡くなって全てが無くなるのではなく、霊として存在すると解釈できます。それを諡名を付けることで生前と区別する。生前の名前の下というのは、分かり易いですね。

仏像

お寺さんに行くと仏像があります
坐像と立像があります
座像は浄土宗に多く
真宗の多くは立像です
真宗の阿弥陀の立像は衆生救済の表象
立像の阿弥陀仏が左足を一歩踏み出して
前屈《まえかがみ》みになっているのは
衆生救済の表象です

そういう意味があるとは初めて知りました。一歩踏み出しているのは、衆生救済の表象であることに納得します。

菩薩はあの仏像ではなく
あなた自身に内在しているのです
自らが菩薩ですから
その功徳たるや自由自在です

私自身に菩薩が内在している。これは凄いことですね。それが分かれば自分の人生を大切にしたいし、しっかりと生きようと思います。これ一つ知っただけでも本書の有り難さがあります。

第四章　幸せへと続く道は今ここにあり

生のみが我にあらず
死もまた　我なり
生と死はセット

生のみならず死を含めて自分がいる。とても意味が深い言葉だと受け止めます。真剣に生きる源の思想ですね。

生あって生を尽くさず
死あって生に執着す

なんと強烈な言葉でしょうか。生を受けながら生を真剣に全うせず。死を知って死にたくないと生に執着する。そんな中途半端な生き方ではなく、真剣に生きよということですね。

仏教は人生を苦として考え
ここからの解放を目指す教えです
その苦についてさまざまなものが考えられます
目に見えるフィジカル（肉体的）な苦は避けがたい
病気を、老いをどう考えるか？
老いの行き先にあるのは死です
あなたはどう生きますか？
そしてまた、どう逝きますか？
目に見えない心でしっかりと考えましょう

どう生き、どう逝くか。どう逝くかを真剣に考えていくと、どう生きるかを考えることになる。どう逝くか。大事ですね。

人間だけが「死すべき者」であるがゆえに「生」を考えるどうやって生を充実させれば良いかと考える

そうなんですね。人は「死すべき者」との考えがないと、生を充実させることが難しいということですね。一度の人生、どうせ生きるなら充実させたいです。

お釈迦さまの教えを学ぶと
今、生きているこの現世をいかに生きれば
涅槃《ねはん》という安らかな境地を得られるのかを
説いているかがわかります
人生の中で悩みや迷いを持たない人間はいません
そうした悩みや迷いから
解放してくれるのが仏教です

仏教は、私達が幸せに生きることを教えてくれる。いろいろ勉強するのもいいでしょうが、『まことさんの珍言録①②』は短い言葉で表現されているので、それを読むと日々の生活に役立ちますね。

テレビドラマでは死人のことを仏《ほとけ》と呼ぶ
「仏《ほとけ》」とは死人のことではありません
それによって仏教は大きく誤解されている
仏《ほとけ》とは
人格の完成した人を言う
仏陀　釋迦　仏像（で表現された仏様）など

※仏式で葬った人は仏弟子となる

仏とは人格の完成した人となれば、私達は、現世でちゃんと生きなければならないということになりますね。

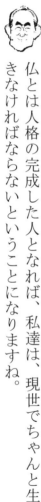

仏教は人間学
人として生まれたことの尊さに目覚め
人としていかに生きるべきかを問い続ける
そしてやがて死んで行く
仏教は人間学であると受け止めています

人間学となれば「人間としてどう生きるか」を考え、実践することですね。身勝手な生き方ではなく、例えば利他に生きる、人様のお役に立つ、感謝される人間になるなど、自分自身の生き方を見つけていく。仏教の教えはその柱になりますね。

生者は誰も死後を知らない

日本人の多くは取り越し苦労をしているそうです。自分では分からない将来のことをあれこれ考えて心配する。それを、死んでからのことも心配してします。それが生身の人間、と言ってしまえばそうかもしれません。心配して悪い結果を招いてしまうことだってあります。死後は誰も知らない。無駄な心配は止めることですね。

人生とは何か
つまるところ冠婚葬祭である
1970年死者数71万人　婚姻件数102万件
2019年死者数137万人　婚姻件数58万件
「婚」と「葬」の総量逆転
弔いの常識揺らぎニューノーマル時代へ

ここまで婚姻数が減っていれば、少子化になって当然ですね。「婚」と「葬」の総量逆転は、確かに葬送儀礼のあり方を、大人数から少人数、家族葬へと変えています。しかし大事なことは――本書で学ぶように――形以上に弔いの本当の意味を知り、死の意味を考え慈悲の心を持って今を懸命に生きることだと思います。それに気づくための現象かもしれません。

大切な人が亡くなって
残された家族が思うこと
・何もしてあげられなかった
・もっと優しくしてあげたかった
・あれもこれもしてあげたかった

このことは長い間悔やまれることです

体験者の言葉ですね。悔やみが解消されるには時間がかかります。悔やむことがないように、大切な教訓とします。

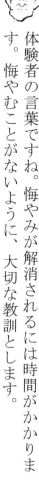

亡くなった人が
生前心の中で燃やしていた願いや思いを
生き残った人たちは
その思いを引き継いでいかなければなりません
それを誓う儀式が葬送の儀礼です

こうした視点は、現代の葬式にはありません。あくまで故人の冥福を祈るという感じです。故人の思いを引き継いで生きることが、何よりの供養になるわけですね。

亡き人は死の瞬間に浄土へ生まれ変わる
一方でこの世の人たちの心に入り込み
そこに宿り永久《とわ》に生きていく

なんとも有難い言葉です。しかし、その大事なことが今まで教えてもらえませんでした。亡き人と永遠に生きる。これを忘れてはいけませんね。

病なんて
死ねば治る
病と死を越えて生き続ける

面白いですね。死にたくないので病気を治したいのに、死ねば病気は治るとは。それは確かです。乗り越えて生き続けるとは、今を真剣に生きなさいということですね。

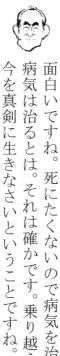

人間の悩みは「思考」によって作られる
悪い方向に想像をめぐらせる癖があります
仏教では五怖畏《ごふい》と言います

- 不活畏《ふかつい》　食べていけなくなるのではないか
- 悪名畏《あくみょうい》　周りから悪く思われないか
- 大集威徳畏《たいしゅういとくい》　世間は私のことをどう見ているか
- 命終畏《みょうしゅうい》　死ぬんじゃないか
- 悪趣畏《あくしゅい》　居場所を失い地獄の生活になるのではないか

よく理解できます。大事なのは、悩みや恐怖をどう解消するかですが、人間は弱いのか、行動する前に悩んでしまう。その解決方法を、お釈迦さまが教えているわけですね。

自己こそ自分の主《あるじ》
自己のよりどころは自己しかない
自己がよく整えられたとき得がたい
自己を獲得する

前に人間学という言葉が出てきました。人間学の柱となるのは自分を人間的に高めることだと思っています。自己とは自分そのもの、自己が磨かれ立派な人間になる。そうありたいです。

人間が「神」になることはあり得ません
ユダヤ教・キリスト教・イスラム教の神は
万物の創造主であり唯一無二の絶対なる存在だからです
人間が「仏」になる　それが仏教の目標です
智慧と慈悲を獲得し
執着と欲をコントロールすることで目標に近づけます

一神教の神は絶対無二の存在、人が神になるなど考えられませんね。しかし仏教は人が仏になる教え。その違いは天と地の差があります。自分が仏になると思えば悪いことはできません。簡単ではありませんが、欲から離れ慈悲を以て生きなければなりませんね。

一日を尽くした人には一日は美しい
一月を尽くした人には一月は嬉しい
一年を尽くした人には一年は輝かしい
一生を尽くした人には一生は無限への道である
釈迦のことば

今の今を無駄なく真剣に生きよ、ということになりますね。今の一点は過去、現在、未来につながっているので、今を生きることは未来を生きていることにもなります。

意義がある人生を送るために

1　死の準備教育（デス・エデュケーション）が必要

2　それによって生の質が高まります

3　その必要性は年々増していきます

人生の節目となる進学、就職、結婚等に

多くの時間を使って準備するのに

確実に訪れる「死」には準備しない

言われてみれば、その通りですね。歳をとってくると現実問題として死の準備をしなくてはと思うようになりました。しなければならない準備は様々ありますが、病気で寝たきりにはなりたくないと思っています。

人生の最期まで自分で食べて自分で歩ける
健康寿命をどう延伸するか

対象　日本人

健康寿命　男七一・二歳　女七四・二歳

不健康寿命　男約十年　女約一三年

平均寿命　男八一・四一歳　女八七・四五歳（二〇一九年度）

平均余命＝平均寿命－現在年齢

平均寿命と健康寿命の差は、男で約十年、女で約十三年あります。この差を縮めるのが国民一人一人の努めだと思います。好んで病気になる人はいないと思います。どう生きるかを含めて、健康面でも日々の生活のあり方が大事になってきますね。

大人向けの家庭教師派遣があったら
ピアノ、料理、手品、英語
スマホの使い方
宗教、仏教のこと、神様のこと
相続のこと

若い人ならネットでとなるでしょうが、直接会って指導してもらうと助かります。また自分一人で取り組んでも、なかなか長続きしないものです。面倒なことが出てくれば諦めてしまったりします。いいアイデアですね。

悟りとは何か
心が豊かになること

そうか、心が豊かになることが悟りですね。悟りというと、とても到達できないと考えてしまいますが、自分の心が豊かになるというのは、自分で自覚できます。生き方のヒントをもらったというだけでも、心は豊かになります。葬儀などでお坊さんが心豊かになるお話しをすれば、お坊さんの評価も上りますね。

この世のことすべては
そらごとであり　たわごとであり
まことはひとつもない

歎異抄から

なんとも強烈な言葉ですね。でもこれは親鸞の言葉。宗教的にとても深い意味があると思います。この世は移り変わり、永遠に残るものは何も無い。それらを生み出している命が本物。それに目を向けなさい。死ねば、何一つ持っていけないということも、この言葉に通じているように思います。

歎異抄から

善人でさえ浄土に生まれることができる

条件付き　自力の限界を知って阿弥陀仏の慈悲を
疑いなく信じる気持ちになれば

まして悪人はなおさらだ
煩悩まみれの凡夫《ぼんぷ》が救われるのは

善人は、私は大丈夫と思って阿弥陀仏を信じ切ることがなかなかできない。その善人が救われるのだから、悪人は自分の罪を認め阿弥陀仏を信じ切る。なので「悪人なお」と親鸞は言ったと理解しています。

報恩講のうたの一節

一人いてしも喜びなれば二人と思え
二人にして喜ぶおりは　三人《みたり》なるぞ
その一《ひとり》こそ　親鸞なれ

『仏説大無量寿経　第十八誓願』であったように、親鸞は全ての人を救いたい（苦から解放してあげたい）と願っておられた。いかなる場合でも「親鸞は一緒だよ」ということですね。生きる力が湧いてきます。

歎異抄には
人間は煩悩のかたまりだと書かれている
煩悩とは欲望のことです
煩悩があるから人間は悪を作ってしまう

欲のない人間はいないと思います。欲は言葉だけ聞くと悪い意味で受け取られますが、何かに役立ちたいというのも、自己実現の面からすれば欲望と言えます。人間学的に人間を磨くという立場で言えば、歳を重ねながら、人としての生き方を勉強し、悪の面を小さくしていく。そういう生き方が求められると思います。

仏典にある四摂法《ししょうぼう》＝四枚の般若

人生をより良くするための心の置き方・実践法

- 布施《ふせ》　人様や世の中のために役立つことを行う
- 愛語《あいご》　相手のことを第一に考え愛語の言葉をかける
- 利行《りぎょう》　人の利益になることに力をつくす
- 同時《どうじ》　相手のことを思い同じ立場に身をおき行動を共にする

菩薩がより良く生きるために行う四つの修行と知りました。四つとも自分の為という内容ではありません。「やってやる」のではなく、「やらせていただきます」という謙虚な気持ちが大事だと思います。

奉仕（つかいまつる）
神や天皇に仕いまつる

奉仕《ほうし》は「つかいまつる」なんですね。目上の人に奉仕申し上げる、お仕え申し上げる。御用を務める。先ほど謙虚と書きましたが、「やらせていただく」ということは、人間関係を良くするにも大事だと思います。

布施は渡す方に御利益

お金や物を渡すのは布施です
布施は「布施行」という行です
最上の布施とは渡した相手と
渡した物を忘れることです
布施はお渡しした方にご利益が返ってくるんです
布施を渡した方が有り難うと一礼するのです

こういう布施の循環ができれば、まさに仏の世界になりますね。それを実践するのが、今生きている私達一人一人の使命と言っていいかもしれません。

人の両足は二人の医師
一人は脳外科医
一人は心臓内科医
　掛かりつけの医師のアドバイス
歩かなくなった時点から人間は弱って行きます
足が体の具合を教えてくれます
二人の医者と歩いていると同じということです
昔、「判断に困った場合は親に聞け」と親に教わりました
それと同じように足に聞けば、足が教えてくれるということです

確かに衰えは足からと感じています。転んだことがきっかけで急に弱ってしまったと高齢になった人から聞いています。本当に、両足は医師のようですね。そしてその役割は、脳外科医であり、心臓内科医であるということですね。

「婦」とは
神に仕えた高貴な女性という意味があります
帚《ほうき》は祭祀に用いる神聖な祭壇を掃き清める道具でした
神が降臨し準備された場所へ着席される祭壇は
汚してはならない所なので大事に清められました
この役割は王妃の地位にある
高貴な女性のみができたのです

そういう深い意味があるんですね。高貴で、そして大事な役割を持つ婦人、大切にしなければなりませんね。

明るく良い子に育てる方法（インデアンの教え）

・親が正直であれば子供は正義感のある子に育つ
・やさしく思いやりをもって育てれば子供はやさしい子に育つ
・ほめて育てれば子供は明るい子に育つ
・愛情をかけて育てると子供は人を愛する子に育つ
・分かち合うことを教えれば子供は思いやりを持った子に育つ

いずれも欠かせない子育てのポイントですね。子育ては生まれる前からが大事だと小児科医の先生から聞いています。赤ちゃんだから分からない、言葉が分からないから話っても無駄と考えたら大間違いだそうです。子供の吸収力は凄い。いいものを与えていきたいですね。

人を見る目はあるけれど
自己を見る目のある人は少ない

これは本当ですね。自分のことを棚に上げてつい、他人の行動をとやかく言ってしまう。逆に、他人の姿を見て、果たして自分はどうなのかと省みることも必要ですね。

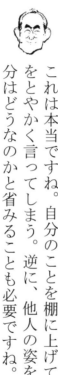

幸せへと続く唯一の道は
過去にはなく
未来にあるとは限りません
幸せへと続く道は今ここにあります

今の一瞬が一日になり、一日の積み重ねが一年になり、年を重ねて一生になる。人生は常に今がスタート。今を真剣にならずして、いつ真剣になるのか。ということですね。

梅は寒苦を経て清香を発する寒苦こそ歓喜

人もかくありたい。そう思います。困難に遭った人の話を聞くと、必ずというほど「何で自分が」と思ったそうです。それを乗り越えた人が歓喜にすることができる。難しいことですが、最後まで諦めず、逃げてはいけないことが分かります。

花の香りは風に運ばれ
善き人の香りは風に逆らっても進み
全方向に広がっていく

こういう人は尊敬します。こうしてコメントをしていると、言葉だけでなく、自分も実践しなければと強く思います。

りんごの花がりんごの実になり
その実が華になる

※ジュース・菓子・ジャム・スイーツ・フルーツ・ドライフルーツ・茶……。

実を付ければ、それが華となっていろいろの商品になる。人間も仕事なら仕事にコツコツ励むことで、実績を上げそれが華となってさらに活躍できる。そうありたいですね。

三つの誓願

・貞潔（独身、異性との関係に注意する）

・清貧（自己の所有物を持たない）

・従順（個人的な自分の意志は通うさない）

カトリック教会で修道者となる際に、私の全てを神に捧げるという誓願ですね。宗教者としては、これくらいの覚悟が必要ということですね。

私達の毎日の生活は
相手の気持ちを推し量り
歩み寄ることの連続
喜びは倍に
悲しみは半分に

これが出来たら神仏の世界ですね。一般的には、自分のことを先に考えてしまう人が多いのではないでしょうか。だって、人間ですもの。

第五章　葬送儀礼の意味を正しく知ろう

仏教とは
「仏の教え」
「仏になるための教え」
「仏をまねて生きる教え」

仏をどう捉えたらよいのか。またどういう生き方をしたら、仏をまねて生きることになるのでしょうか。それを知りたいですね。

「仏」という理想の人間をお手本として
この限りある命を生きようというのが仏教です
自己の生死にも執着せず
一切の人々への慈悲の心を根拠として行動する
「仏」とはこのような人です
こういった立場から世俗に属するお葬式には
元来仏教はかかわりませんでした

慈悲の心を根拠として行動する理想の人間をお手本として、限りある命を生きる。そうなんですね。もう何も言うことはありません。ただただ素直に受け止めさせていただきます。

本来の仏教に輪廻はありません 輪廻を信じるのは 古代バラモン教から 生まれたヒンズー教

日本人の多くは輪廻があると思っているのではないでしょうか。お盆でもお墓参りでも、葬儀でも、輪廻が前提になっているように思います。

彼岸に墓参りする
という根拠は
仏典の中に見つからない

ということは、日本に仏教が伝わってくる過程で現在の葬儀やお墓参りのやり方ができ上がってきたということですね。

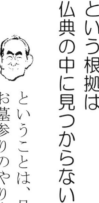

仏教は葬儀と無関係

・お経は葬儀用に書かれたものではありません

・死後戒名は江戸幕府の押し付け

・永代供養は「永代」ではない

・儀礼は道教と儒教からの拝借

今まで考えてきたことと違いますね。本来お釈迦さまが説かれた仏教と、現在日本にある仏教と違うということですね。

「お経」は生き方の教え

人間が死ななければならないこの世の中で
どう生きなければならないか
それを教えた内容が説かれている

そうなんですね。これが分かると葬儀の意味も理解できますね。

私達は自分の力で浄土に往くのではありません
阿弥陀仏が私達をお浄土に迎えてくださるのです

葬儀でお経をあげてもらって浄土に往って欲しい。そう思っていましたが、お経の意味も浄土に往くのも理解が間違っていました。阿弥陀仏が迎えてくださるのですね。

葬儀とは狭い意味で「葬式」を指しますが
広い意味では葬送儀礼のことを言い
「葬儀」は葬送儀礼の略語です
臨終から葬儀式、追悼儀礼に至るまでの
遺族や葬送関係者が営む一連の儀礼のことです
なお「村八分《むらはちぶ》」とは
村民全部がのけものとして排斥する制裁ですが
その対象外にあるのが残り二分「火事と葬儀」です
葬儀はかって
地縁血縁関係者全員が集って行う儀礼でした

お近所さんや親族と普段関係が悪くても、葬儀はそれを越えて営まれてきたわけですね。これって現代でも大事なことだと思います。誰もが死ぬという現実を、共有する思いがあったのだと思います。

葬儀について

ご両親に生前聞いておきたかった
聞いておきたい 五つのこと

- 参列者のリスト
- 葬儀の規模・形式の要望
- 遺言の有無
- 写真の希望
- 費用のこと

葬儀の話をすることは、何か悪いことのように考えてしまいます。誰も例外なく死を迎えるわけですから、全員の共通問題として元気なうちに両親に聞いておくことは大事ですね。

仏式葬で「清め塩」は不要

火葬や葬儀の際に清めの塩を用いる習慣があります
これは死を「穢《けが》れ」とする考え方からきています
人の死にふれると自分も穢れてしまう
そう考えて塩で清めるのです
仏になった人を穢れにしてしまうのは
とても残念なことです

そうなんですね。死を穢れとみているから、清めの塩が必要だということになると、残された人が知るべき死の本当に意味を分からずに終わってしまいます。死は穢れではないということを、多くの人にぜひ知ってもらいたいです。

葬送儀礼のプロセスの中で
遺族が死を受容し癒しを行います
これをグリーフワークと言います
一方残された家族の心の痛みを支援することを
グリーフケアと言います
グリーフワークは遺族並びに関係者
グリーフケアは坊さん、参列者側

死の意味や葬儀の大事な意味があるにしても、遺族にとっては辛い別れであることは間違いないと思います。それを癒す。お坊さんはもちろんですが、参列者も大事な役割があるわけですね。

回忌法要は報恩感謝の意味です
法要の営みは大切ですが
回数にこだわる必要はありません
三回忌・七回忌等が始まったのは
江戸幕府が戸籍の管理をお寺に委託してできた
檀家制度からだからです
キリシタン取り締まりの後追い調査のために
三回忌・七回忌等は始まったのです

お寺さんに戸籍管理をさせる代わりに、経済的に恩恵を与えるために回忌法要を定期で行うことを決めたわけですね。そんなことは知らずに、仏教の教えだと思っていました。

お寺の檀家になるということは
葬儀、法要、初七日～四十九日、月命日、百カ日
一周忌、三回忌～七、十三、十七、二十三、二十七、
三十三回忌、五十回忌、百回忌
仏壇や墓の魂入、檀家料、山門、本堂
位牌堂、車裏の負担金、墓の管理料
御布施が必要になります（依頼した分）

そうですね。何の疑問も持たず、それが当然と思っていました。
しかしそれは、江戸時代の影響がそのまま残っているということなんですね。

忌《き》

死者の穢《けが》れを恐れはばかって
自らを清めて慎むこと
恐れとは敬いの心でかしこまること
穢《けが》れを恐れることで
神仏への恭順（つつしんで命令に従うこと）の意を表す
忌の期間は四十九日間
「けがれ」は「穢れ」や「汚《けが》れ」という字が当てられますが
「汚《きたな》い」という意味ではなく
本意はエネルギーが枯れることを意味します（気枯れ）

「穢《けが》れ」は「汚《けが》れ」ではなく、エネルギーが枯れること。すっきりしました。ありがとうございます。

「服忌令《ぶっきれい》（明治七年太政官布告）は昭和二〇年廃止

服忌令とは親族の死に際して喪に服することです
「忌《き》」と「喪《も》」は別物です
「忌」は死穢《しえ》の状態にある期間で四十九日間
五十日以前に親族が亡くなられたのであれば
「忌中」ではありません
「喪」は各人が自発的に服するもの
期間は任意
喪に服するのであれば
一週間なのか、六ヶ月なのか
一年なのか、一生なのか
自分で期間を明示すべきです

年末に近づくと「喪中につき……」の喪中葉書が届きます。翌年には年賀状が届きます。これは喪中期間を、その人が一年と明示したということですね。そういうことを全く知らなかったので、「あっ、喪中なんだ」程度で受け取っていました。愚かでした。

喪《も》

失うこと
死を悲しみ　ある期間凶服を着て
自宅にひきこもり哀悼の意と情けを表して
謹慎すること（喪は亡と哭との会意文字）
その期間は最短七日～十三カ月（自由設定）で
血縁の親疎《しんそ》によって差があります

喪に服するのは、最長ほぼ一年以内ということでしょうか。普段の生活もあるので早めに喪を切り上げていいわけですね。

「忌《き》」
穢を恐れはばかって心身を清めて慎むこと

「喪《も》」
失うことで死を悲しんで、ある期間謹慎すること

「斂《れん》」
おさめ入れること「小斂」「大斂」「斂葬」などがある

忌や喪は聞き慣れていますが、斂は知りませんでした。ただ斂葬《れんそう》の儀は見たことがあります。死に対して、いろんな言葉があり、それに基づいて葬祭儀礼が営まれてきているわけですね。

現代の服喪期間
「忌」は初七日まで
「喪」は四十九日の忌明けまで

喪に服する意味について教えてもらったわけですが、葬式に出た際「これから初七日の、そして四十九日のお経をあげます」というお坊さんの話を聞いたことがあります。「えっ、それでいいのかなあ」と思った時がありました。形はどうであっても四十九日を過ぎれば通常に戻っていいということですね。

「忌日《いみび》」の異称

中陰（四十九日）
百カ日《ひゃくかにち》（卒哭忌《そっこくき》・出苦忌）
いつまでも悲しんでばかりいないで
哭《な》くのをやめ苦しみを乗り越えて行こう
という近親者の集まりのことです
「忌日《いみび》」とは死亡した日のことをいいます
死を忌《い》む（忌み嫌う）のではなく
仏事法要以外のもろもろの雑事を忌むという意味です

やはり、自分達も生活があるわけですから、いつまでも悲しんでいるわけにはいかないということですね。しかし死亡した日は雑事をしない。先人もいろいろと考えていたんですね。

追善供養の考えは
本来の仏教のものではありません
仏教の教えでは
四十九日たてば次の生に更新される
また浄土系の教えでは「即得往生《そくとくおうじょう》」と言って
亡くなった瞬間に阿弥陀仏の極楽浄土に往生する

穿《うが》った見方をすれば、追善供養をやるのはお寺さんの都合というとになりますか。

葬儀広告は多くの人に利用？　されている

予想できること	保険収入 退職金 弔意金 香典 取引先 親族図 贈与・分割
ターゲットにしている人	税務署 銀行 不動産業者 墓石業者・仏具店 県・市・町村の税務課 その他多数
個人情報	住所 電話番号 配偶者 家族構成 親戚 家族の勤務先 勤務先のポジション 法事会食表から親族図、トップがわかる 病名 年忌法要日・寺 喪主の生活場所

葬儀広告は、現代のように情報発信手段が限られていた時代の名残でしょうか。私などは、亡くなられた人、葬儀は何時《いつ》どこでくらいを知れば、それでよしと思っていましたが、いろんな情報が隠れているということですね。現代は振り込め詐欺のように、悪用される場合があります。掲載する側はその点に気をつかわなければならないというのは、身を守るために必要ですね。

すべて意味のある葬祭具（用品）

「経帷子《きょうかたびら》」

1死者に着せる白い服

2一生の間になした行為のあかが全部つけられているという

3その帷子を三途の川の岸にある木に掛けると

重い罪を犯した人ほど衣（枝）がたれ下る

4悪魔を払う意味

経帷子《きょうかたびら》の意味をよくよく考えてみると、浄土にすみやかに往って欲しいとの願いを感じます。言葉を換えれば経帷子を着る前に「罪を犯すな」そして「自分の人生をしっかりと生きなさい」と言っているように感じます。

白骨《はっこつ》の御文《おふみ》

たれの人もはやく後生《ごしょう》の一大事を心に掛けて
阿弥陀仏を深くたのみまいらせて
念仏もうすべきものなり（真宗聖典）

後生とはこの後の生ということ
念仏……阿弥陀仏の本願が実現すること

白骨というのは、人は死ぬということですね。その一大事を考えて念仏を唱える。それが阿弥陀仏の本願を叶えることであり、自分が後生でも幸せになることだと受け止めました。

阿弥陀仏

仏教ではいろんな仏様が出てきます
○○如来、○○菩薩……
それら仏様の大本の大本の仏様が阿弥陀仏
お釈迦さまは衆生の苦を救いたいと修行され
阿弥陀仏と出逢われ悟られた
だれもが仏になれるという
阿弥陀仏の本願を我が願いとし
お釈迦さまは仏教を説かれた

私などは全く体験できないことですが、凄いことですね。二六〇〇年も前の教えが、今なお続いているのは、それだけ人にとって大事だということだと思います。

火葬後に残る「残骨灰《ざんこつばい》」

残骨灰を埋葬などするには
有害物質の除去等の費用が必要になります
一方、灰に含まれる金や銀
インプラントなどで使われるレアメタル
それらを取り出して売却すれば
売却益が関係自治体に残る
金、銀、レアメタルは加工され再び人の体を飾る

私の子供の頃、火葬場での遺骨は全部遺族が持ち帰ったように思います。今は残してもいいのですね。エンディング産業展に行った時、遺骨をペンダントにしているコーナーがありました。遺骨の扱いも、いろいろ変わっていることを実感しました。

火葬残骨灰適正処理事業を行っている
一般社団法人 全国環境マネジメント協会があります
毎年、全国火葬場残骨灰合同供養会を開催しています
遺骨は大事にされています

全国火葬場残骨灰とありますから、どこに住んでいても残骨は適切に処理してもらえるわけですね。遺骨は灰になったと言っても遺族にとって大切です。供養会をやってもらえるということは、お任せした後でどうなっているのかと心配しなくても済みますね。

因《いん》は我《われ》にあり

因縁《いんねん》
結果を生ずる内的な直接原因と
それを助ける間接原因

因と因縁は違う。因の根源は自分にあり、これは納得です。一方、因縁は人との関わりが大きく影響していると思いました。因にしても、因縁にしても、まず自らの生き方が影響するということですね。

因果の道理は「自業自得」
自分がなしたことの結果は自分が受ける

善いことをなせば善い結果を受ける「善因善果」
悪いことをなせば悪い結果を受ける「悪因悪果」

もっともなことだと思います。しかし、これが分かって生きているかと言われると、結果として分かっていなかったということがあります。善悪どちらにしても、その体験をプラスに生かしていくしかありませんね。

因果の結果の現れ方「三時業《さんじごう》」

すぐ現世のこの身に現れること「順現報受《じゅんげんほうじゅ》」
次の生を受けた時に現れること「順次生受《じゅんじしょうじゅ》」
遥かずっと先の来世に現れること「順後次受《じゅんごじじゅ》」

現れ方に違いがある。そうなんですね。まずは自分でも確認できる「順現報受」で現世を反省し、そして「順次生受」と「順後次受」で良い結果が出るように努力する。自分の生き方が、子や孫の為になれば幸いです。

戒律

不飲酒戒《ふおんじゅかい》（酒を飲んではいけない　十善戒・四十八軽戒の中にある）

不酤酒戒《ふこしゅかい》

（酒を酤《う》らない）

新時代の戒律（追加　あったらいいね）

不喫煙戒《ふきつえんかい》（＝禁煙　たばこを吸わない）

不酤（枯）煙戒《ふこえんかい》（たばこを売らない）

求道者のための決まり事は、現代の目でみれば厳しいですね。もっとも酒で過ちを犯す人もいるので、一律に厳しくしたのかもしれません。現代は、たばこが健康を害するということで禁煙が進んでいます。しかし販売は中止になっていません。嗜好品の取り扱いは「本人次第」なので難しいですね。

菩提《ぼだい》

梵語ボーディの当て字で「正しい悟り」のこと

また、その「静寂な境地」の意

・無上菩提（お釈迦さまは究極の菩提）

・菩薩（道を求めて修行する人々）

・菩提心（求めようとするその心）

・発《ほっ》菩提心（決心すること）

・菩提寺（檀那寺《だんなでら》のこと）

菩提とは「正しい悟り」のことなんですね。そしてお釈迦さまは究極の菩提。大事なことを教えてもらいました。では、私はどう生きたら良いか。せめて菩薩を目指して生きたいと思います。

菩薩とは決して他者ではない
余人でもない
お互い人間自身の中にひそむ
もう一人の自分である
はきだめから豆が咲き
泥沼から蓮の花が育つ
人皆に美しい種子あり
――咲かせよう美しい花を――

いいですね。納得です。励みになる言葉です。ありがとうございます。

あらゆる菩薩に共通な願い「四弘誓願《しぐせいがん》」
一、たくさんの人が幸せになれるように勤める
二、あらゆる煩悩を断ちたい
三、あらゆる法門を学びたい
四、あらゆる（この上ない）悟りを成し遂げたい
――菩薩に於いては他人と自分は一体――

菩薩においては他人と自分は一体。となれば自分即他人、他人即自分ということになります。せめて菩薩の生き方を目指したいと書きましたが、簡単ではありませんね。

宗派によって仏壇の飾り方がある

家庭にお邪魔して仏壇を拝見すると
仏教のことを分かっていないお宅が多くあります
お供え物を食品の陳列棚のように積み上げてあったり
仏壇にふさわしくないものを置いています
法事とかに戴いた灯篭とかを無造作に置いているお宅もあります
仏壇の飾りは、宗派によってきちんと決められています
位牌も沢山入れておく家庭もあります
位牌ですから置くなとは言えません
古くなった位牌が沢山あったら
それを先祖代々という位牌にまとめて置けば
仏壇がきれいになります
綺麗に美しく飾るのも大事なことです

家の仏壇をチェックする必要がありそうです。自分の家の宗派に合わせて、スッキリとさせる。そして、それを機会に仏壇のあり方も確認したらいいですね。仏壇がない家庭もあります。そういう家庭でも、ご先祖様の拠りどころとして、仏壇代わりになる何かがあった方が良いと思います。

仏壇を見ればその家の家風がわかる

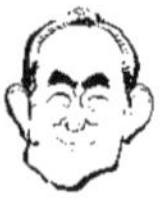

いつ、誰が「お参りさせてください」と尋ねてくるか分かりません。きれいにしておきましょう。その家の心掛けが仏壇にも現れますね。

第六章　分かち合うほど人は幸せになる

仏教の目的は「転迷開悟《てんめいかいご》」の四文字です
迷いを転じて悟りを開く

迷いは、本来の自分の生き方ではないと気づいているから起こると思っています。迷いの原因を仏教の教えから学ぶ。悟りを開けるかどうかは分かりませんが、素直に教えを実践してみることですね。

常に戒めるべき四カ条

・大事をなさんとする人は興奮してはいけない
・つまらない人間と競争してはいけない
・人のあとをのろのろついていってはいけない
・さわぎすぎたり　ばたばたしてはいけない

耳が痛いことばかりです。少しでもそうならないようにします。

人は　真実の道　ふむならば
願わぬとても　神護るなり
祖父　珍田　権作（一八七八～一九六三）

雪消えて　春の終りに　めぐり来る
妻のみたまに　何を供へん
父　珍田　實（一九〇七～一九八三）

御祖父様の歌からは、私もその心得で日々を生きたいと思いました。お父様の歌からは、奥様を思う強い気持ちが伝わってきました。

人生には五つの貯蓄が必要です

・信用の貯蓄
・知識の貯蓄
・友人の貯蓄
・健康の貯蓄
・金（生活資金）のたくわえ（貯蓄）

どれが欠けても一人前の大人とは言えませんね。少しずつ、コツコツと蓄えていく。その年代によって、どれが自分にとって大事か、その重みは違うかもしれませんが、大事なのは積み重ねですね。

幸福な人は美しい
美しい人は必ずしも幸福ではない
不幸な人は一見　見窄《みすぼ》らしい
見窄らしい人は必ずしも不幸ではない

自分は人様からどう見られているのか。なるほどと思いました。人は見かけも大事、中身も大事。他人がどう思う以前に、自らが人を惹きつける何かを持っているかですね。明るさ、親しみやすさ、発する言葉も大事だと思います。

人は「長生きを……」と言いながら
裏では
やっと死んでくれた
いい時に死んだ
と思っている人がいることを
知らなければならない

これって、現実にありますね。そうした淋しい人生は歩みたくありません。

幸福とは面白いもので
分かち合えば合うほど
二倍にも三倍にもなります
逆に不幸は
分かち合うほどその苦しみや悲しみは
どんどん小さくなっていきます
葬儀お意味はここにもあります
残された家族にとって
親戚はじめ友人の慰めの言葉や線香の一本が
悲しみを和らげてくれます

言葉や線香一本でも、相手を思いやり、心をこめること。信頼を得ている人かならの言葉なら、なお有り難くなるのではないでしょうか。

世界の皆に共通なこと
生まれてきたこと
太陽、月、水、空気、風、大地、雨
一日二十四時間、昼と夜があること
幸、不幸、成功、失敗、試練
先祖、親、老、病、死、師、友
目、耳、鼻《はな》、足、手、等があること

こう言ってもらうと、いろんな体験を積みながら生かされていることを実感します。不平不満を言う前に有り難いと感謝したいですね。

如　がついた文字があります
一如、如来《にょらい》様、如実、如意、真如
そのままという意味です
自然のまま　生命そのまま
如来とは真実から来たる人という意味です
忠恕《ちゅうじょ》という言葉もあります
真心と思いやりで　如来のように
そのまま　生きる　ということです

『論語』にある「其れ恕か」は有名です。恕を「思いやり」と理解していますが「そのまま」という意味を知って、更に深く理解できました。仏教で言えば、恕とは阿弥陀仏の如く生きるということのように感じました。

自分が発した言葉が
自分に返ってくる
言葉には
「生命」と「精神」がこもっている

良い言葉、肯定的な言葉を使うように心がけています。私に足りないのは、明るさと笑いを誘う言葉です。相当、意識しないと直らないですね。

忘己利他《もうこりた》

忌を忘れて他を利するは
慈悲の極みなり
天台宗の根本となる教え
最澄著　山家学生式に由来

慈悲とは相手の苦しみを抜き去り、そして相手に喜びを与えることと学びました。自分の行動で相手が喜んでくれるのは、まさに利他ですね。

健康の大原則

・常に喜ぶ心を持つこと
・常に感謝の心を持つこと
・陰ながら善いことをすること

体の健康、心の健康、この三つはどちらも健康にしてくれると思います。大事なのは日々の実践ですね。

薬石《やくせき》
薬と石針（で治療すること　方法）
また我々に有益な善言を「薬石」という
薬石は良く病を治すからです
人は皆　身体のため薬石は欲しがりますが
案外と心の薬石を求めない

心の薬石は感謝でしょうか。自分が発した言葉が自分に返ってくることを考えても、喜ぶ心を持つこと、感謝の心を持つこと、善いことをすることは、心の健康に良いですね。

すべての人は必ず救われる
民衆に極楽往生の門を開いた法然
悪人、女人《にょにん》救済の道を説いた親鸞
二人に共通の思想は二種廻向です
一つは往相廻向《おうそうえこう》
もう一つは還相廻向《げんそうえこう》です
阿弥陀仏の本願によって往生し
再びこの世に還って来ることができる思想です

単に自分が救われるのではなく、再びこの世に還って来て人々を救う。それが阿弥陀仏の本願のように受け止めました。

浄土に生まれるためのノウハウ
阿弥陀教を引用すると
男性であれ女性であれ阿弥陀仏の教えを聞いて
たった一日でも二日でも三日でも四日でも五日でも
六日でも七日でも一心にこの仏の名前を心に念じ
口に唱えるならば
その人がいよいよ臨終という時になると
阿弥陀仏がたくさんの聖者をしたがえて
その人の眼前《がんぜん》に現れるので、
その人の心はまったく乱れることなく
そのまま阿弥陀仏の極楽国土に
往生することができるとあります

念仏を唱えることの有難さですね。南無阿弥陀仏……。

念仏の行者が臨終になると
阿弥陀三尊《さんぞん》が
二十五人の菩薩を従えて
その行者を迎えに来る

死の心配などせずに、念仏を唱える。あとは阿弥陀仏にお任せでいいわけですね。

大昔に電話があったら
もしもし「ムハンマド」さんですか
「アッラー」に繋いでもらえますか
「ただ今電話に出られません」
もしもし「キリスト」さんですか
「イエス」
「ゴッド」をお願いします
「今日は休みです」
もしもし「モーセ」さんですか
「ヤーウェ」を電話口にお願いします
もしもし「日本の神様」ですか
「外出しています」
「日本には八百万《やおよろず》の神」がいますがどなたにしますか
もしもし「釈迦」さんですか

「ブッダ」をお願いします

「ブッダは私です」

「アッラー」「ゴッド」「ヤーウェ」は神の名

「ムハンマド」「キリスト」「モーゼ」は創始者の名

面白いですね。宗教によって神様のあり方というか存在が、違うことが分かります。それが民族性や、生き方にも影響しているように感じます。

仏になる（成仏）方法をお教えします

空海（真言宗宗祖）
心の目を開き自分の中の仏性に気づけば
誰もが仏になれる　主体的に行動せよ

鑑真（律宗開祖）
お釈迦さまが定めた数多くの戒を守りなさい
それが実行できれば悟りが開ける

最澄（天台宗開祖）
「法華経」を根本経典とし一切の人々が悟りを開ける
（成仏できる）と説くのが教えの特徴

法然（浄土宗開祖）
極楽浄土に往生するため一心に
仏の名前「南無阿弥陀仏」を称えなさい

親鸞（浄土真宗開祖）
善人でさえ浄土に往生できる
まして悪人はいうまでもない（往生できる）

道元（曹洞宗宗祖）
坐禅する修行そのものが仏の姿
悟りそのものと捉えます

「仏になる」とは、阿弥陀仏がおられる世界に往くと解釈すれば、道はいろいろあっても、行き着くところは一つと言えますね。

仏教は執着をコントロールして
苦を解体しようとする宗教です
苦しみを安寧へと転換する
そのために
「智慧」と「慈悲」を獲得する
これが仏教の目的です

仏教で「智慧」と「慈悲」を学び、安寧を得る生き方を一般的な言葉で考えてみました。それは人様のお役に立つということではないでしょうか。

四諦《したい》
仏教が説く四つの基本的な真理

・人生とは苦しみである…………「苦諦《くたい》」
・苦しみは煩悩のせい…………「集諦《じったい》」
・煩悩を消し苦しみをなくすることが悟り…「滅諦《めったい》」
・悟りをひらく方法は八正道である…………「道諦《どうたい》」

人生は苦しみではあるが、その原因となっている煩悩を消し、悟りを得るには八正道を実践しなさいということですね。

八正道《はっしょうどう》

仏教で説く実践の徳目

正しい見解　正見《しょうけん》

正しい思惟　正思惟《しょうしゆい》

正しい言語行為　正語《しょうご》

正しい行為　正業《しょうごう》

正しい生活　正命《しょうみょう》

正しい努力　正精進《しょうしょうじん》

正しい想念　正念《しょうねん》

正しい精神統一　正定《しょうじょう》

悟りを得る実践項目ですね。全てに「正しい」がついています。では「正しい」ということは、その逆があるということになります。では「正しい」とは、どういうことでしょうか。それは仏の心（慈悲）で生きる道ということではないでしょうか。

お釈迦さまの
最期の姿をまねて行われる葬儀
お釈迦さまが亡くなる前に
弟子アーナンダが捧げた清らかな水が
「末期の水」の由来です
北枕はクシナガラで北に向いて入滅した
最後の姿を真似ています
通夜の由来は
仏弟子がひと晩中お釈迦さまの教えについて
語り合ったのを倣《なら》ったことにあります

こういうことを知ると、葬儀の見方も変わってきます。

僧《そう》の本当の仕事は……
この世に今生きている人の助けをする
みんなが安心して住《くら》して生きていけるよう
サポートすることです
葬式でも残された人が安心して生きていけるように
導くのが僧の役目です
そう考えれば葬式も
生きている人のためでもあることが分かります

そうですね。そうなればお坊さんの評価も高まると思います。
是非そうなって欲しいです。

人は死後
仏になるのか
仏弟子になるのか
仏の子になるかは不明です
大事なことは
故人を通して仏が私達に何を語りかけるのか
それを感じ取り
生きている間に何をしなければならないかを
自覚し実践することにあります

これが葬儀の意味ですね。私達自身が故人の死を通してどう生きるかを問う。この意味を知って、私は自分が生きる意味をはっきりと理解できました。

骨に気を載せると気骨
信念が強くたやすく屈しない意味になる
死んでも履歴に残るし
弔辞の言葉にもなります
気骨のない人はどうにもならない

背骨を真っ直ぐに立てて生きる、という言い方があります。それは自分の生き方に柱を立てることです。そうすることで揺るぎない生き方ができる。骨は体を支えるだけでなく、生き方も支えているわけですね。

サケ（魚）の骨に旅の記録
（海洋研究チーム発表）
イワシやウナギでも「耳石」の組織から
行動歴が明らかになりつつある
人間の骨にも行動歴が発見されるかもしれない

凄いことが分かってきたんですね。人間がそうなったら、自分の人生に嘘は付けなくなります。「今をしっかりと生きなさい」というお釈迦さまのお教えに繋がりますね。

悲しみの深さ大きさがその人の深さ大きさだ

衆生を何としても救いたいというお釈迦さまの願い。そういう思いに私もなれるのか。それはお釈迦さまの願いを感じて、日常の生活の中で実践できるかどうかだと思います。悲しみを慈悲に置き換えてもいいのかなと思いました。

参《まい》る
「参った」という言葉があります
降伏するということです
その中に敵を偉《えら》いと言って
褒《ほ》めることも入っている
「参る」とは尊敬するものに近づこうとすることを言います
子供の参観日はどっちの意味でしょう

授業参観で我が子に困ったと思うか、偉いと思うか。親として
は自分の子育てが問われますね。

利益の文字がある
普通は「りえき」と読んでいるが
本来、仏教用語で「りやく」と読みます
「りやく（利益）」とは
釈尊の教えを信じ行うことによって得られる
「利」と「益」の二つのしあわせをいう
すなわち自分をしあわせにするのが「利」
他をしあわせにするのが「益」です
仏のご利益とは、こうした性質です

思わず膝を打ちました。何と深みがあるでしょうか。仏教の教えは凄いです。

「姑《しゅうとめ》」は古い女と書く
年を取った女性は
広い心で物事や相手を受け入れる
包容して角がない
しかしそれが 功《いさおし》く機能しないと
「姑息」な姑に変化することになる

姑と聞くだけで意地悪な人と思ってしまいます。大きな間違いでした。気をつけます。

「才」という字は
名詞では
生まれついてもった優れた能力
またその能力をもつ人という意味
天才、秀才、英才、才能、異才等の文字がある
○○才で永眠しましたという才には
それらの意味が含まる
その他「歳」の略字として年令を数える字ともなる

「○○才で永眠」の才には、凄い意味が含まれていますね。才に恥ない生き方をしなければと思いました。それまでしっかりと生きて行きます。

『正法眼蔵《しょうぼうげんぞう》』に書かれていること
いくら身分が高かろうとお金持ちだろうが
死ぬ時は一人
助ける者もなく一人で死んでいく
淋しさにあなたは耐えられるか
そう問いかけています
とすれば充実した生き方なくて
安らかな死があるはずがない
そのことを考えなさい
死を見つめることは
充実した生き方をすることであると
お経は教えています

これが、私達が知らなければならない結論ですね。

第七章　これからの葬送儀礼を考える

故人の預貯金の仮払い制度
二〇一九年七月より相続法の改正によって
一金融機関あたり一五〇万円を上限に
故人の口座から引き出せるようになりました
（事前の手続き必要）
引き出す場合
亡くなった人が本来負担すべき入院費や
葬儀費用等の支払いに限定すべきです

私の知人が必要なお金が降ろせないと言っていたことを思い出します。おそらくそういうことを知らない人が多いと思います。助かりますね。

これからの経営者にとって重要なこと
先を読み　世界を見る
鳥の目、虫の目、魚の目になって
全体をとらえる
潮の流れ、風の流れをとらえる
これらを管理し実務をこなす

会社は社長しだいと言います。社長が会社の運命を握っていることを忘れてはならないですね。会社の継承問題を含めて、死に関わる準備をすることも経営者にとって重要だと思います。

葬儀社に対して不満を持っている人の割合は79.4％（日消協調べ）
満足する葬儀社の見つけ方

まずは複数の会社から資料請求しましょう
……業者の姿勢が分かる
複数の会社へ事前相談をお勧めします
……比べることができる
互助会に入っているから
イコール葬儀費用は安い　にはならない
今はコンパクトな葬儀スタイルが主流になっています
社員に対して売上目標を課している（大手）葬儀社が
多数あることに注意必要です

互助会に入っているから安心と思っていました。学ぶことで無駄にお金をかける必要はなくなりますね。

納得の葬儀をするための要点

・良く分からないのでお任せしますは禁句
・終活セミナー等に参加して情報を集める
・互助会への入会はより慎重に
・しつこい提案には「故人の遺志ですから」と言って拒否
・見積りを複数社からとり内容を確認する

葬送儀礼の意味を正しく知れば、お金はかけずに心ある葬儀ができる。本書は本当に為になります。

これからの葬儀の方向

現代新型コロナウイルスの流行病の中で
死と共にある暮らしを必然的に考えるようになっています
①葬式のあり方に変化が
②参列することが難しい時代に
③少子化がもたらす買い物弱者、情報弱者
　それらが自然と人の集まりを終息させる
④今は変わるべき時、今までの当然が難しい時代に
⑤人々の暮らしのルーティーン化が進み、人の生活が簡素化に

対策

○映像葬、お別れ葬で出費を抑え、次の世代へ資金を回す
　ホテルの一室で「生前葬、お別れ会」

○香料をキャッシュレスで送り、遠隔地の喪主に見送る意思表示をし、繋ぎを忘れない

○高齢者社会の闇に光を当てていく　少子化の現実を受け止める

○私達が外国人に介護されるのが一般的になるのは遠い未来ではない

○私達の暮らしの当たり前を考え直しイノベーションにしていく

○お墓のあり方（墓じまいを含め）、仏壇のあり方、樹木葬、自然葬、粉骨・散骨などは、葬送儀礼を正しく理解して賛否にせずイノベーションにしていく

これらは遠い将来の話ではなく、ただ今、現実の問題として捉えること。賛否ではなく、むしろ新しい流れを作っていくこと。その前提にならなければならないのは、葬送儀礼の正しい理解ですね。

直葬

遺族並びに参列者の「心」（※）が動けば
直葬も立派な葬儀になる

（※）葬送儀礼の意味を正しく知ること

悲しみは人間（自分自身）を深くしてくれる

最近は直葬が増えている感じがします。一方、直葬でいいのかと悩む人もおられるのでは……。ご遺族や参列者が葬送儀礼の意味を正しく知って＝心が動くことで、立派な葬儀になるとは本当に嬉しいことです。これを多くの人に伝えたいですね。

葬式仏教・葬儀社仏教で
あの世の幸せは手に入らない
業者にだまされるな
日本は世界で一番高い葬儀の価格
学ぼう　葬儀の本当の意味を
合わせて　お墓も戒名も……

コロナ禍で人は、いろんな生き方の変革を求められました。葬儀についても本来のあり方が問われていると思います。形式や費用の多寡で葬儀を決めるのではなく、大事なのは遺された人がまず幸せに生きること。また、お墓や戒名のことも、本当の意味を知れば、高いお金をかける必要はなくなりますね。

あとがき

私の父・珍田實は、会社の代表者であると同時に、蓮華造りの造花職人でした。当時は葬儀の中心は、この蓮華でした。蓮華で葬儀の意味を、十分果たすことができたのです。祭壇を豪華に飾る必要は、なかったわけです。ご遺族、参列者の皆様が蓮華を見て、自分の生き方を問う機会にする。第三章に取り上げた「蓮華の五徳」その一〜その五を読んでいただければ、その意味を理解していただけると思います。

新型コロナウイルスが、今まで良しとしてきたことを「それでいいのか」と、あり方を問うています。

死についても仏教の教えについても、その本質を知れば、今まで常識化していた葬儀や法事、お墓や仏壇等々についても、新しいやり方というより、むしろ本来の姿に戻ることができます。

その糸口となるのが「人の死」です。

「死」には、誰もが学ぶべき大切な意味があります。なぜなら、避けることができないという現実があるからです。

生と死は紙一重。

死と向き合うことで、人として意味が見えてきます
紙一重とは、生と死は別けることができない関係にあるということです。

「蓮華の五徳」その二に、一茎《いっけい》一花《いっか》の言葉があります。

一本の茎に一つの花しか咲かない蓮華、私の代わりは私以外にないということを説明しています。

その尊い存在である自分の人生を、死を考えることで――他人から答えを与えてもらうのではなく――自らの人生を生きていく。自らの人生を、自分でつくっていくのです。

「死」と言うとお年寄りが考えることのように思われがちですが、決してそうではなく、むしろ若い人にこそ早めに考えて欲しいのです。

一人でも多くの人が、蓮華の花を咲かせるために……。

珍田　眞

珍田　眞（ちんだ　まこと）
昭和 19 年青森県生まれ。
元珍田ホールディングス 代表（珍田グループ 30 社を統括）
青森ブロードバンド･コミュニケーションズ 代表（現任、他３社）
労働省認定 FD（フューネラル・ディレクター）１級
労働省 FD 技能審査官（10～12）
シニアライフプラン・インストラクター（SLI）
社団法人全冠協外務員登録（000385）
Funeral 文化研究員
元全国氏子青年協議会理事
青森県氏子青年協議会顧問
霊園斎場指定管理者（５年）
平成元年～３年まで「お葬式一言メモ」という番組（青森）に出演
葬祭新時代（テレビ番組出演 令和２年５月～）
青森ペンクラブ会員　他

葬祭ディレクター
まことさんの珍言録 ③
人の死亡率 100%　でも　心配しなさんな
令和2（2020）年10月16日 発行

著　　者　珍田　眞
発 売 者　斎藤　信二（編集長）
発 売 所　〒116 - 0013
株式会社 高木書房
東京都荒川区西日暮里 5-14-4-901
電話 03-5615-2062　FAX03-5615-2064
E メール：syoboutakagi@dolphin.ocn.ne.jp
装　　幀　株式会社インタープレイ
印刷製本　株式会社 ワコープラネット

ISBN978-4-88471-820-6　C0039